Gustave Thils

«FOI CHRÉTIENNE»
ET
«UNITÉ DE L'EUROPE»

Avant-propos de Paul M.G. Levy

Louvain-la-Neuve

1990

LIBRAIRIE PEETERS
GRAND-RUE 56
B-1348 LOUVAIN-LA-NEUVE

Dépôt en France:
«LA PROCURE»
3, RUE DE MÉZIÈRES
75006 PARIS

FACULTÉ DE THÉOLOGIE
45 GRAND-PLACE
B-1348 LOUVAIN-LA-NEUVE

ISBN 90-6831-217-0
D/1990/0602/13

AVANT-PROPOS

En introduction à l'étude fondamentale de Mgr Gustave Thils, on me permettra d'évoquer quelques souvenirs ponctuels.

C'était au début des années '60. Une fois de plus, l'Union Soviétique marquait un intérêt discret pour les institutions européennes. Voulant en savoir plus, la PRAVDA envoya à Strasbourg un de ses rédacteurs. Il suivit avec attention les travaux de l'Assemblée Parlementaire du Conseil de l'Europe. Prudentes, les hautes autorités du Conseil évitèrent de le rencontrer et laissèrent ce soin au Directeur de l'Information et de la Presse. Dame, puisqu'il ne s'agissait que d'un "simple" journaliste ... Nous nous étions vus plusieurs fois et lorsqu'il vint pour prendre congé, je constatai une certaine gêne. J'insistai donc pour en savoir plus. Alors, très embarrassé, il me demanda : "*Mais que font donc les Turcs ici au Conseil ? Ils ne sont même pas chrétiens comme nous !*" Ainsi donc, le représentant d'un État théoriquement athée faisait de la qualité de chrétien une caractéristique fondamentale des Européens.

Je ne pus m'empêcher de rapprocher cette réaction d'un émouvant discours que Paul-Henri Spaak, alors Ministre des Affaires Étrangères de Belgique, avait prononcé devant l'Assemblée le 18 septembre 1954 : "... *Faut-il que ce soit moi, faut-il vraiment que ce soit moi, qui vous rappelle que si vous pensez quelquefois différemment, vous priez tous de la même façon ? Et que ce sont les mêmes gestes qui vous accueillent au seuil de votre vie et les mêmes mots qui vous consolent et vous apaisent au seuil de votre mort ? Est-ce que vous ne vous rendez pas compte que nous sommes les hommes d'une même civilisation et, quelles que soient nos convictions personnelles et philosophiques, d'une même civilisation qui s'appelle la civilisation chrétienne ? Et quand nous aurons tous disparus et qu'on ne pensera plus à aucun d'entre nous, dans le recul du temps, on saura tout de même qu'ensemble c'est cette aventure-là que nous avons vécue ...*".

Et pourtant, en août 1949, lors d'une des toutes premières séances de l'Assemblée, c'est le même Paul-Henri Spaak, alors Président, qui s'était opposé à ce qu'une discussion s'instaure sur l'opportunité d'un moment de prière ou de recueillement à l'ouverture des sessions. Profondément convaincu de l'importance des valeurs spirituelles et morales attachées à l'Europe, il connaissait aussi les limites à ne pas dépasser dans les confrontations philosophiques : l'Italien Antonio Boggiano-Pico voulait une référence à la spiritualité chrétienne, le Danois Frode Jakobsen faisait de son incroyance militante un principe.

Il reste que dès le début des institutions européennes — et le Conseil de l'Europe fut la première d'entre elles — leur Statut faisait expressément référence "*aux valeurs spirituelles et morales qui sont le patrimoine commun*" des peuples fondateurs, soulignant que ces valeurs "*sont à l'origine des principes de liberté individuelle, de liberté politique et de prééminence du Droit sur lesquels se fonde toute démocratie véritable*" . Il était naturel dès lors que l'Église, sans écarter aucunement les non-croyants et les adeptes d'autres religions, s'intéresse aux organisations européennes, suive avec attention leurs travaux et marque son intérêt pour elles jusqu'à poser cet acte exceptionnel : l'adhésion du Saint-Siège à la Convention culturelle du Conseil de l'Europe et son association étroite à l'activité des organes créés dans le cadre de cette Convention.

Mais il convient aussi que les choses soient précisées et que dans l'immense littérature aujourd'hui disponible, un fil conducteur soit proposé en vue de rechercher une vue plus claire des devoirs des uns et des autres, de leurs références et de leurs espoirs.

C'est ce qui a été tenté avec un rare bonheur dans ces pages.

Prof. ém. Paul M.G. Levy
Directeur honoraire au Conseil de l'Europe

INTRODUCTION

Au cours des rencontres et colloques qui rassemblent actuellement les chrétiens les plus engagés, le thème de l'Europe est maintes fois abordé. C'est que, si notre attention à l'égard de tout ce qui concerne la promotion et la défense de la paix, de la justice et des droits humains est manifeste, notre souci de l'Europe en processus d'unification ne l'est pas moins; et il se trouve intégré dans le projet que suscite la relance contemporaine de la tâche ecclésiale d'évangélisation.

Plus précisément, lorsque le cours des conversations en arrive à des échanges sur la nature, les formes, les conditions du "lien" établi ou à établir entre le "christianisme" et l'"objectif Europe", des interrogations pleines d'intérêt surgissent, des requêtes également, des appréhensions aussi, voire des réticences et des oppositions : bref, un ensemble d'appels en vue d'une réflexion critique sur les thèmes en circulation.

Ainsi, à propos de l'"héritage" européen : où se situe la composante chrétienne dans l'héritage transmis à cette Europe de l'Atlantique à l'Oural ? En quoi les racines anciennes et multiples ont-elles été façonnées par la foi chrétienne, et qu'ont-elles acquis par la maturation progressive de l'humanisme des personnes et des systèmes ? Quant aux religions, y compris la religion chrétienne, ne nous ont-elles transmis que des apports en réelle harmonie avec leur doctrine spirituelle ? Et n'oublie-t-on pas aisément un certain passif et ses séquelles ?

La "sécularité" de cette Europe moderne est-elle à rejeter en bloc, et en quoi constitue-t-elle un progrès ? Et le "sécularisme" est-il à attribuer uniquement aux Lumières ? La "déchristianisation" de l'Europe contemporaine est-elle un effet du seul rationalisme ? Et quand l'Europe a-t-elle été "chrétienne" : en quel sens, selon quels critères ? Le "pluralisme" de cette Europe actuelle est-il en tout un désavantage, un recul ? Et, surtout, la théologie permet-elle d'envisager la fin de ce pluralisme à brève échéance ou oriente-t-elle plutôt à en attendre la persistance jusqu'à la fin des temps ?

Alors, qu'en est-il de la "chrétienté" ? Quel sens eut ce terme au cours des siècles ? Que penser de la chrétienté "médiévale" ? Peut-on imaginer, comme Bossuet, une "politique tirée de la Sainte Écriture" ? En quoi consiste dès lors la rencontre, historique et inéluctable, entre la foi chrétienne et la société civile ? La croissance du Règne de Dieu en ce monde coïncide-t-elle avec l'emprise de l'Église sur les personnes et sur les institutions ? L'évangélisation, qu'elle soit "nouvelle" ou "de toujours", a-t-elle en vue, directement ou indirectement, l'union des citoyens au niveau politique, national, voire culturel ? En quel sens alors le christianisme est-il ou peut-il être l'"âme" de l'Europe, et n'y a-t-il d'"âme" pour l'Europe que dans le seul christianisme, grâce seulement à l'Église ?

Par ailleurs, comment expliquer et fonder l'appel fréquent fait à l'union et à la collaboration "européenne" des chrétiens avec les autres Européens ? Est-ce sur la base des droits humains fondamentaux ? Ou grâce à un accord sur des valeurs communes, et lesquelles ? Ou est-ce par l'acceptation commune d'un certain noyau éthique plus ou moins étoffé ? Ou même dans les perspectives d'une "laïcité ouverte" ? Ou selon l'idéal des requêtes de la "démocratie" ? Mais en quel sens ? Et lorsqu'ils vivent cette collaboration, les chrétiens mettent-ils ou doivent-ils "mettre leur foi en poche" ?

Les pages qui suivent ont pour but de proposer des questions, des textes, des données doctrinales, des considérations théologiques, bref, une sorte de dossier qui pourra être utile à ceux qui, lors d'un colloque ou d'un débat, seront amenés à discuter des rapports entre la "foi chrétienne" et l'"Europe unie".

Et ces discussions sont sans doute appelées à un large déploiement. Les "problèmes européens", de nos jours, prennent de plus en plus de relief : les initiatives visant l'avenir de l'Europe unie manifestent une efflorescence jamais connue, et les changements prévisibles dans les régions de l'Est y apporteront leurs questionnements particuliers. Alors, où et comment se vérifie la "rencontre" entre l'Oeuvre divine du salut annoncée par la foi chrétienne et les entreprises humaines effectuant l'unification de l'Europe ?

26 octobre 1989

I.- REPÈRES ET POSITIONS AXIALES

1. LA CONSTITUTION D'UN CORPUS

Les déclarations publiques relatives à l'avenir de l'Europe sont plus que nombreuses. Les grands rassemblements de chrétiens de tout âge font régulièrement allusion à ce défi considérable et aux conditions qui en assurent le dénouement : la justice, la paix, le sort des plus démunis, l'alphabétisation, la santé, etc. On peut lire, à ce propos, les voeux qui sont présentés en conclusion aux Semaines sociales de France, à chaque Katholikentag en Allemagne, aux réunions de Justice et Paix, aux rencontres de groupements et de mouvements internationaux, aux colloques entre juristes, intellectuels, sociologues membres des Églises chrétiennes, aux week-ends de centres culturels de jeunes, etc.

Des Centres et des Offices d'information donnent à ces initiatives une certaine armature institutionnelle [1].

Ainsi, en 1956, un Office Catholique d'information sur les problèmes européens (OCIPE) a été créé à Strasbourg. Il a, depuis 1963, un Bureau à Bruxelles. Son but ? Étudier les objectifs de l'unification européenne et les questions qui y sont liées, à la lumière de la doctrine de l'Église sur la société. Ainsi : les valeurs spirituelles sur lesquelles cette intégration repose, les problèmes éthiques qui sont en discussion, les conséquences sociales des principes économiques adoptés. L'OCIPE est ainsi un centre d'information pour les différentes instances de l'Église catholique, et un centre d'action qui suscite des colloques, des projets, des contacts. Il publie actuellement un Bulletin *Objectif Europe - Projekt Europa - European Vision* (6 fois par an) : études des problèmes concernant l'Europe [2].

Diverses institutions représentent également les autres Églises chrétiennes en Europe. Ainsi, la Commission Oecuménique Européenne pour Église et Société (EECCS), le Service Oecuménique Européen pour le Développement (EECOD), le Comité des Églises auprès des Migrants en Europe (CEME), le Quaker Centre for European Affairs (QCEA). Ces institutions oeuvrent en pleine collaboration avec l'OCIPE et les autres institutions catholiques.

Au cours des présentes recherches, ces instances seront citées à diverses reprises. Toutefois, le but de cette étude n'est pas d'établir un inventaire des personnes et des groupes qui portent intérêt à l'unification de l'Europe, ni même d'offrir une synthèse des objectifs d'action que ceux-ci énoncent, proclament et publient. Semblable tâche, considérable, exigerait de très longues recherches et mènerait à une publication en quatre ou cinq gros volumes. Nous n'envisageons ici que l'examen des "implications théologiques" de ces discours et déclarations. C'est pourquoi, il a paru préférable de constituer un corpus documentaire d'après des textes qui sont, dans l'ensemble, plus systématiques, plus liés aux principes théologiques, particulièrement autorisés souvent, à savoir, du moins en ordre principal : les discours et déclarations que nous proposent les papes et les membres de la curie romaine, les épiscopats et les conférences épiscopales, les dirigeants d'institutions exprimant une opinion sur l'avenir de l'Europe.

Ainsi délimité, et même limité, le corpus d'écrits, de discours, de déclarations est déjà considérable. Les seules Tables de la *Documentation catholique* (désignée DC dans cette étude) témoignent, depuis 1953 notamment, de leur abondance. En ce qui concerne les épiscopats, chaque région possède un bulletin ou des périodiques qui en publient les textes intégraux. *L'Osservatore Romano*, par son édition hebdomadaire en français, en anglais, en espagnol, en portugais, en allemand, constitue une source très précieuse de documentation. En 1981, la collection "L'enseignement des Papes", dirigée par l'Abbaye de Solesmes, présenta sous le titre *L'Europe unie* un recueil de documents pontificaux depuis Léon XIII (1981, 255 p.). A la même époque, le professeur J. Schwarz publia *Katholische Kirche und Europa. Dokumente 1945-1979*, où il proposait, en un ordre systématique et en langue allemande, les passages les plus significatifs de quelque 200 documents (Munich, Kaiser, 1980, XXXI - 605 p.). On pourra consulter aussi, édité par P. Conte, *I Papi e l'Europa. Documenti (Pio XII - Giovanni XXIII - Paolo VI)*, 10096 Leumann (Torino), Edit. Elle Di Ci, 1978, 424 p., ou encore, P. MIZZI, *L'unione europea nei documenti pontifici. Da Benedetto XV a Giovanni Paolo II*, Éd. Studia, Malta, 1979. D'autres recueils seront signalés en cours d'ouvrage [3].

Les Papes et le Saint-Siège

Concernant la pensée des Papes sur l'Europe et son unité, quelques recueils viennent d'être signalés. En même temps, diverses études se sont employées à décrire les prises de position, les objectifs des Souverains Pontifes, voire l'évolution de leurs idées, sur l'intégration européenne à différents niveaux. En voici quelques-unes qui se complètent ou se nuancent l'une l'autre opportunément, car il est malaisé de résumer des aperçus généraux recouvrant une quarantaine d'années.

Dans l'ouvrage collectif *Le Saint-Siège dans les relations internationales*, Mme Christine de Montclos-Alix décrit comme suit la politique du Saint-Siège en trois sous-titres significatifs [4]. 1. *L'Europe occidentale, bastion de la civilisation chrétienne* (avec la promotion de la paix, de la justice et aussi "la défense d'un monde menacé par le totalitarisme athée", p. 141), thème appuyé du pontificat de Pie XII. Puis, "assez curieusement, le Saint-Siège ne s'exprime guère sur l'Europe entre 1957 et 1962, période qui recouvre l'essentiel du pontificat de Jean XXIII" (p. 143). Avec Paul VI, l'Europe est évoquée bientôt "moins comme une entreprise défensive que comme un apprentissage pour la mise en oeuvre de solidarités nouvelles" (p. 144). D'où : 2. *D'une Europe à l'autre : la Conférence d'Helsinki.* En 1969, le Saint-Siège accepte, à la demande du pacte de Varsovie, un projet de conférence "rassemblant les pays de l'Est et de l'Ouest" (p. 147). Il y voit un moyen d'assurer la sécurité, l'entente, les libertés fondamentales, et notamment la liberté religieuse, "au sens le plus précis et le plus complet du terme", précisa Mgr Casaroli en 1973 (p. 149). Enfin : 3. *La recherche de l'unité perdue.* Il s'agit désormais de toute l'Europe. Le Pape Jean-Paul II souligne inlassablement les liens indissolubles qui unissent l'Est et l'Ouest; et cette unité européenne à "retrouver" apparaît comme "profondément liée" au christianisme.

Un article du professeur Mario Spezzibottiani (Milan), en même temps qu'une riche documentation, fournit des indications plus développées sur les caractéristiques des enseignements de chaque pape, de Pie XII à Jean-Paul II [5]. - Le souci de Pie XII pour l'Europe est à comprendre dans son désir d'union pacifique pour tous les peuples du monde. Cette paix requiert tout d'abord que soit dépassé tout retour des nationalismes (p. 147-148). Elle implique par ailleurs une "autorité politique européenne jouissant d'un pouvoir réel" (p. 149), et donc l'acceptation du principe de "déléguer une partie de sa propre souveraineté à un organisme supranational" (p. 150). Ainsi aussi sera protégée l'identité chrétienne, héritage spécifique des peuples européens, en ce sens que le christianisme a marqué en profondeur l'âme de ces peuples et leur civilisation gréco-latine (p. 150). - De l'époque de Jean XXIII, on retiendra la Lettre envoyée par la Secrétairerie d'État au président de la 49ème Semaine Sociale de France (Strasbourg, 17-22 juillet 1962) sur le thème : "L'Europe des personnes et des peuples" (p. 152-154). Ce document (DC 1962,1022-1038) constitue un très bon état de la question à ce moment. - Du Pape Paul VI, on possède 93 interventions pour des auditoires très divers (p. 54-157). Le pape appelle les catholiques à un engagement en faveur des valeurs humaines fondamentales, lesquelles s'inspirent de la foi chrétienne. Il les invite à "réveiller l'âme chrétienne de l'Europe, en laquelle s'enracine son unité" (p. 159). Cette foi chrétienne représente même la donnée foncière de l'unification européenne (p. 161). Tel est le "service" que l'Église peut rendre à l'Europe (p. 162-163). - Quant au Pape Jean-Paul II, l'article doit se réduire aux cinq premières années de son pontificat. Le magistère de Jean-Paul II se présente, dès ses débuts, comme "très unitaire" (p. 164) au sens suivant : "la redécouverte des origines chrétiennes de l'Europe et la mise en valeur de cette hérédité", non pas, certes, comme une "chrétienté médiévale", mais, dit l'auteur, comme une "donnée historique par laquelle l'unité des peuples européens se trouve fondée sur la foi chrétienne commune, au point que l'identité européenne devient incompréhensible sans le christianisme qui en est l'âme" (p. 164). Et cette Europe, c'est l'Europe entière, du Portugal à l'Oural (p. 166-167).

Pour nuancer encore, au mieux des possibilités, ces rapides survols de l'activité pontificale, voici encore un dernier aperçu sur l'enseignement, de Pie XII, d'abord, puis de Jean-Paul II.

La pensée de Pie XII est présentée par M. Walter Leifer, dans *Stimmen der Zeit* [6]. Après la guerre 1940-1945, dit-il, le souci de Pie XII porte surtout sur le maintien et la garantie du droit et de la justice chez les peuples d'Europe, au sortir de la guerre. Dans son Discours de Noël, en 1947, le pape exposa une première fois sa position à l'égard du problème politique de l'Europe, tandis qu'il exprimait sa méfiance vis-à-vis des poussées athéistes de l'époque (p. 351), notamment en Europe de l'Est (p. 352-353). Et lorsqu'il évoquait les conditions d'un avenir assuré de l'Europe, Pie XII rappelait régulièrement la nécessité d'y rétablir les liens unissant religion et civilisation (p. 354-356). A cet égard, et tout en soulignant que la papauté ne promouvait aucun modèle de gouvernement pourvu que soient respectés les droits religieux et humains fondamentaux, Pie XII manifestait sa préférence pour un modèle fédéraliste plutôt que centraliste (p. 356). En tout cas, pour le pape, une Europe acceptable ne peut être qu'un État de culture chrétienne. Il le déclara clairement en 1952 : sans le christianisme et sa force spirituelle, l'Europe ne pourra guère résister au péril du matérialisme et pourrait même mettre en danger son indépendance (p. 357-358) [AAS 45, 1953, 181]. Ce sont d'ailleurs ces valeurs-là que l'Europe peut offrir au monde, et c'est ainsi que Rome se doit d'accomplir sa mission universelle.

Sur la pensée "politique" de Jean-Paul II, le professeur G. Barberini présentait dès 1983 un aperçu dense et avisé [7]. Pour le pape, explique le professeur de Pérouse, "le christianisme est la source de l'unité des peuples européens". Source, en quel sens ? D'abord, si elle n'est pas "le premier berceau" du christianisme, l'Europe est devenue "comme le lit d'un large fleuve" d'où le christianisme s'est répandu. D'ailleurs, l'unité des peuples européens est fondée sur la foi chrétienne commune, si bien que celle-ci est à considérer comme "l'âme de l'Europe". Dès lors, l'"identité européenne" ne peut se comprendre sans le christianisme : l'histoire de l'Europe est une "histoire chrétienne". Quelles que soient les diversités en Europe, et compte tenu des guerres, des crises spirituelles ou des rivalités politiques, c'est le christianisme qui, par lui-même, représente pour elle une "force unificatrice". Il est donc nécessaire de "réveiller l'âme de l'Europe" : le renouveau de celle-ci ainsi que sa réunification peuvent advenir, à condition de se référer aux racines, et notamment les données éthiques, qui lui ont donné son existence (p. 669).

Cependant, précise G. Barberini attentif aux nuances des discours de Jean-Paul II, l'Europe n'est pas "toute catholique" : son unité doit tenir compte d'autres données : les Églises, les Religions, la sécularisation de la société industrielle, la laïcité de certains États. Si bien qu'un certain "personnalisme", sur la base de la dignité et de la liberté des personnes, peut constituer un "principe inspirateur de l'unité des peuples européens" (p. 670-671). La "recomposition de tout le continent" semble donc se mouvoir sous le signe du pluralisme religieux et de la liberté religieuse, mais avec un "leadership" de l'évêque de Rome représenté fortement (incisivamente) par un Pape slave. Semblable projet peut "ouvrir la voie d'une certaine chrétienté, certes bien diverse de la chrétienté médiévale et impériale, mais comme sujet tendant à l'hégémonie (sogetto tendenzialmente egemone) dans l'histoire et la culture européennes". Mais, estime G. Barberini, l'appel actuel à une nouvelle évangélisation face à la sécularisation et à l'athéisme semble reconnaître que l'Europe vit un pluralisme culturel et social, plus diversifié, pour le moment irréversible, et même non maîtrisable (p. 674).

Quant à cette Europe, poursuit G. Barberini, il faut la voir en "dépassant les frontières artificielles" (superare le innaturali frontiere), à savoir : la division en "deux blocs", en "deux mondes", fruit des guerres modernes. De plus, ce continent n'est ni informe, ni indifférencié : il existe une "européité" (europeità) occidentale et une "européité" orientale, avec de plus, comme "élément d'équilibre" entre les deux, l'Europe centrale, la *Mitteleuropa*, faite de divers peuples - allemands, polonais, boèmes, moraves - dont la présence peut empêcher la naissance ou la renaissance de certaines hégémonies (p. 675-676). La conception d'une Europe "continent spirituellement unique de l'Atlantique à l'Oural" pourrait neutraliser la logique des blocs politico-militaires. Ainsi, après l'acceptation des Accords d'Helsinki, avec la "revendication sans cesse répétée (la martellante rivendicazione) des droits de la personne et des peuples, les discours de Jean-Paul II donnent un contenu à l'hypothèse d'une "recomposition" (riaggregazione) de l'Europe (p. 678).

C'est ce dernier point qui retient l'attention du professeur Ottorino Pasquato. Celui-ci étudie la pensée politique du Pape Jean-Paul II dans ses réflexions consacrées à saint Benoît, patron de l'Europe, et donc dans la vision historique présentée à cette occasion [8]. Concernant le passé des Églises européennes, le pape privilégie les origines qui sont riches en force spirituelle susceptible d'animer un renouvellement des Églises d'aujourd'hui. Pour l'Europe, les origines chrétiennes sont représentées par l'oeuvre de saint Benoît, qui donna naissance à une nouvelle civilisation. Jean-Paul II précisa même : "Lorsque saint Benoît est venu au monde ici même à Nursie, non seulement 'le monde antique s'en allait vers sa fin', mais en réalité ce monde avait déjà été transformé : les 'tempora christiana' avaient pris sa place. Rome... était devenue la 'Rome chrétienne'... La *Rome des Césars* était désormais dépassée. *Elle était demeurée la Rome des Apôtres.*" (DC 1980, 353). Après quoi, O. Pasquato passe en revue les "origines" des Églises d'Occident et des Églises d'Orient (p. 107-112). Puis il examine la "reprise critique des valeurs originelles comme voie de renouvellement pour les Églises de l'Europe occidentale (p. 112-120). Dans ses conclusions, il interprète comme suit les axes de la pensée de Jean-Paul II. L'Europe est "une famille de nations" qui doivent retrouver leurs racines chrétiennes communes comme motif de leur unité (p. 123). C'est qu'en effet, pour Jean-Paul II, "peuple, patrie, religion, culture et art jouent un rôle prioritaire en comparaison avec l'État et les institutions, changeantes, économiques et sociales" (p. 124). De la pensée pontificale ressort même l'idée "d'une nation européenne... dans la mesure où l'unité spirituelle et morale - vue en profondeur comme prise de conscience d'une commune réalité au plan historique, culturel, mental et vital - prévaut sur les divisions et les diversités socio-politiques ou idéologiques" (p. 124). D'où un optimisme modéré, et attentif aux perspectives ouvertes par la liberté et le souffle de l'Esprit. Bref, Jean-Paul II promeut "un néo-européisme caractérisé par la revalorisation du monde slave" (p. 128).

Tout récemment, Jean et Blandine Chelini ont fait connaître, et excellemment, l'activité du pape Jean-Paul II concernant l'Europe. Leur travail a pour titre : *L'activité du Pape Jean-Paul II face à l'Europe. Dix années d'action (1978-1988)* [9]. Dans une première partie, ils décrivent ce que représente "la perspective européenne dans la pastorale de Jean-Paul II" : comment le pape voit cette Europe (unité, identité), son pari sur la culture chrétienne (réévangélisation, oecuménisme), ses idées sur la mission de l'Europe (paix, solidarité). Une deuxième partie décrit les nombreuses initiatives venant des organes et des institutions de l'Église à l'époque de Jean-Paul II. Ce sont les activités du Saint-Siège lui-même, celles des épiscopats - de l'Europe "violette" -, celles enfin des divers mouvements de prêtres, de religieux, de laïcs catholiques. En annexe sont rassemblés de copieux renseignements d'ordre bibliographique. Bref, ce travail offre un tableau de tout ce qui a été envisagé et promu, au cours de ces dix dernières années, en tous les secteurs de l'Église catholique, à propos de l'Europe.

Dans le livre présent, la base documentaire est restreinte à certains thèmes, elle est reprise du dernier quart de siècle (Jean XXIII, Paul VI, Jean-Paul II) et vise à en dégager les implications et les fondements d'ordre "théologique".

Si les auteurs des aperçus historiques résumés ci-dessus ne parlent guère longuement du Pape Jean XXIII, c'est que celui-ci, en effet, n'a pas prononcé de discours de grand format sur l'unité de l'Europe. Toutefois, on ne peut oublier pour autant l'apport indirect mais significatif fourni en ce domaine par l'encyclique *Pacem in terris* (11 avril 1963). Celle-ci présente comme "signe des temps" une conception des rapports Pouvoirs publics-droits personnels des citoyens qui correspond à ce qu'on entend aujourd'hui par État "moderne" dans les milieux européens (DC 1963,527). De plus, et ceci concerne les relations avec l'Europe de l'Est, l'encyclique déclare que les "contacts" entre catholiques et non-catholiques en vue de réalisations temporelles peuvent constituer "un stimulant" pour ceux-ci sur la voie de la vérité; et elle précise ensuite qu'on ne peut identifier les théories philosophiques et les mouvements historiques concrets et susceptibles de changements, puis ajoute : "il peut arriver par conséquent que certaines rencontres au plan des réalisations pratiques, qui jusqu'ici avaient paru inopportunes ou stériles, puissent maintenant présenter des avantages réels ou en promettre pour l'avenir" (DC 1963,542). Et l'on sait combien Jean XXIII a multiplié ces "contacts" et ces "rencontres", conditions indispensables d'un "dialogue".

Le Saint-Siège est également présent au Conseil de l'Europe à Strasbourg. Il jouit du statut d'un État-Observateur. Ses experts sont habilités à prendre la parole au cours des réunions des Comités et une délégation du Saint-Siège peut prendre part aux conférences ministérielles. Jusqu'à présent, ce type de présence n'existe pas encore à la Commission de la Communauté Européenne à Bruxelles.

Par ailleurs, deux membres de la Curie parmi bien d'autres ont présenté sur la tâche des chrétiens dans l'Europe actuelle des considérations éclairantes.

Il s'agit d'abord du cardinal J. Benelli, mort en 1982. Dès 1966, dans la mouvance du Concile Vatican II, il lança à l'UNESCO un appel : "Vers un nouveau style de rapports entre la société spirituelle et la société temporelle" : à savoir, un dépassement de l'alternative "subordination" au spirituel (moyen âge) - "séparation" (temps modernes) (DC 1966,1421-1426). En 1976, dans une Conférence prononcée à Vienne, il aborda le thème "l'Église et le dialogue avec le monde" : appels au dialogue, formes de ce dialogue, conditions d'un dialogue avec les marxistes (DC 1976,508-516). Et surtout la conférence : "Contribution de l'Église et des chrétiens à l'édification d'une nouvelle Europe", où il évoque la problématique complexe de l'Europe, l'identité de celle-ci, son âme, ainsi que la tâche spécifique de l'Église (DC 1977,1038-1042) [10].

Ensuite, et surtout, le cardinal A. Casaroli. A Milan, le 20 janvier 1972, sous le titre "Le Saint-Siège et l'Europe", il traita deux points : 1. L'Europe après la guerre 1940-1945 : les "deux blocs", d'origine militaire, se déployant tous azimuts; 2. La renaissance de l'idée européenne "au-delà des deux blocs" et les composantes de cette Europe nouvelle (DC 1972,416-424) : bref, l'arrière-plan de l'Ost-Politik. D'ordre général, une conférence "Le Saint-Siège et la communauté internationale", sur le concours de l'Église pour les problèmes de notre temps (DC 1975,309-317). Puis, à Linz, le 18 novembre 1977 : "Le Saint-Siège et les problèmes de l'Europe contemporaine", spécialement sur la sécurité et la détente, les Accords d'Helsinki, la nécessité d'une plus ample coopération dans l'Europe "de l'Atlantique à l'Oural", "selon l'expression du général de Gaulle" (DC 1978,369-374). Et aussi l'Allocution "Saint Benoît et l'Europe", en 1980, sur le déclin de l'Empire, l'oeuvre du christianisme "qui a recueilli, du moins au plan de sa mission spirituelle, la vocation universelle de civilisation qui était celle de Rome", le message spirituel et social de saint Benoît pour l'Europe (DC 1980,355-358) [11].

Les assemblées d'évêques et d'autorités religieuses

Elles sont nombreuses, diverses, vivantes [12].

Le Symposium des Évêques d'Europe réunit une délégation importante d'évêques désignés par les conférences épiscopales de chaque "région apostolique". Son but : réfléchir à la mission des évêques au service de la foi, traiter des problèmes doctrinaux concernant l'ordonnance même de leurs Églises. Ces Symposiums furent tenus : le Ier à Noordwijkerhout (Hollande) en 1967 (DC 1967,1393-1395); le IIme à Coire (Suisse) en 1969 (DC 1969,709-725); le IIIme à Rome, en 1975 (DC 1975,992-994). L'Allocution de Paul VI à cette occasion visait directement l'Europe, son unité ainsi que la foi catholique qui en est "comme l'âme" (DC 1975,901-903). Les rencontres vont désormais traiter de la situation de l'Europe. Le Vme Symposium (Rome, 1982) avait pour thème "La collégialité et les évêques d'Europe dans l'évangélisation du continent". A cette occasion, Jean-Paul II a évoqué le lien intime unissant l'Église et l'Europe ainsi que la crise de l'Église elle-même en Europe. Le cardinal F. Koenig a exposé "Les conditions et la nécessité de l'évangélisation de l'Europe" et le cardinal R. Etchegaray : "La collégialité et l'évangélisation en Europe" (DC 1982,1152-1166). Le VIme Symposium (Rome 1985) a abondé en descriptions fouillées, complémentaires, vigoureuses de ce que représente la "sécularisation" en Europe et précisé ce que requiert l'"évangélisation" de celle-ci. On y entendit un discours du cardinal G. Danneels, une conférence du P. Valadier, des conclusions du cardinal Hume et le Discours de Jean-Paul II sur l'évangélisation qui se pose "en termes totalement nouveaux" (DC 1985,1065-1087).

Le VIIme Symposium, tenu du 12 au 17 octobre 1989, a réuni quelque 80 évêques sur le thème : "Les attitudes contemporaines devant la naissance et la mort : un défi pour l'évangélisation". A la différence des sessions régionales préparatoires, où l'analyse sociologique a été au premier plan, le Symposium a privilégié une réflexion théologique sur la pratique de l'Église, et tout spécialement sur la liturgie. La Présidence du Symposium a été assurée par le cardinal C.M. Martini qui a présenté aussi un exposé de conclusion (DC 1989,1013-1020).

Comme on l'a perçu, ces rencontres appelées *Symposium* visent directement la pastorale ecclésiale dans l'aire européenne.

Un même souffle anime les travaux du Conseil des Conférences épiscopales européennes (CCEE). Ce Conseil est composé d'évêques délégués à raison d'un pour chaque conférence épiscopale dans le but, disait Paul VI au moment de leur création, de rendre plus étroite et plus féconde leur coopération pastorale en Europe (DC 1971,407-409). Ils étaient dix à ces débuts. Au cours de sa réunion annuelle de 1977, le CCEE reçut une reconnaissance canonique : le CCEE, y lit-on, traite des questions pastorales communes, prépare les assemblées appelées Symposium des évêques d'Europe et entretient des relations avec la Conférences des Églises chrétiennes non-catholiques (KEK); il en sera question ci-après (DC 1977,295). A l'occasion de son assemblée de 1979, le CCEE a été reçu par le pape Jean-Paul II, qui a rappelé l'invitation de Paul VI à "réveiller l'âme chrétienne de l'Europe où s'enracine son unité" (DC 1979,17-18). L'assemblée du CCEE de septembre 1980, à Frascati (DC 1980,1029), a notamment mis en vedette une Déclaration des évêques d'Europe sur la *Responsabilité des chrétiens de l'Europe d'aujourd'hui et de demain*, dans laquelle sont développés deux thèmes : 1. Pour une Europe plus humaine (droits humains fondamentaux, collaboration entre les peuples du monde); 2. Ce que peut faire l'Église (diverses formes de collaboration au niveau ecclésial et au plan universel) (DC 1980, 949-953). L'assemblée de 1982 a passé en revue les différentes initiatives pastorales européennes en cours (DC 1982,1165-1166). En 1984, réunie à Zagreb, l'assemblée du CCEE a examiné la situation des diverses activités des Églises en Europe (DC 1987,979).

Le CCEE a pris forme vers les années 1970 entre catholiques. Mais à la même époque les autres Églises chrétiennes d'Europe se structuraient également en vue d'une activité pastorale mieux étudiée et mieux appliquée : ainsi naquit la Conférence des Églises chrétiennes, la KEK. Ces deux organismes établirent rapidement des contacts, et ces relations constituaient un point à l'ordre du jour de toutes les réunions du CCEE. Il en est résulté quelques rencontres communes, appelées Rencontres oecuméniques européennes. On en compte quatre jusqu'à présent, désignées par le lieu de rencontre : Chantilly-France (1978), Logumkloster-Danemark (1981), Riva del Garda/Trente - Italie (1984) et Erfurt-RDA (1988).

A la Rencontre de Chantilly, 40 évêques catholiques et 40 délégués des Églises anglicane, orthodoxe, protestante abordèrent deux thèmes principaux : l'unité entre les chrétiens (rapports de base du cardinal Hume et du professeur N.A. Zabolotsky) et la paix dans le monde (exposé de Mgr É. De Smedt)(DC 1978,607-626). - La Rencontre de Logumkloster a eu pour objet : "Appelés à une seule espérance : vers une communauté oecuménique de prière, de témoignage et de service", thème discuté par six groupes linguistiques, et dont le message final est publié dans DC 1982,43-44. Au cours de cette Rencontre, Mgr Cahal B. Daly et le pasteur Weir firent un exposé sur la situation des Églises en Irlande (DC 1982,44-49). - La Rencontre de Riva del Garda, près de Trente, présenta des travaux sur "un acquis commun, le symbole de Nicée-Constantinople" comme "valeur actuelle et source d'espérance pour notre génération" (DC 1985,107-115). A cette occasion, une prière commune pour l'unité et la paix a réuni les participants en la cathédrale de Trente, "lieu du Concile de la Contre-Réforme" (DC 1984,1097). - Enfin la Rencontre d'Erfurt envisagea "moins de travailler des documents théologiques en vue d'un consensus que d'apporter un témoignage commun des Églises d'Europe à notre continent" : d'où le thème central : "Notre Père". Texte du message adressé aux chrétiens dans DC 1988,1153-1154.

Depuis 1980 existe aussi la Commission des Épiscopats de la Communauté européenne (COMECE). Certes, la CCEE a pour objectif la réflexion, la concertation et l'action communes des épiscopats de l'Ouest et de l'Est, mais des problèmes pastoraux spécifiques existent pour les épiscopats de l'aire géographique limitée de la Communauté Européenne. En accord avec la CCEE et avec le Saint-Siège, une Commission Épiscopale de la Communauté Européenne (COMECE) a été mise sur pied au cours de l'année 1979. Elle réunit chaque année des évêques désignés par les Conférences épiscopales dans ce but précis d'ordre pastoral. Son Bulletin actuel, *L'Europe au fil des jours*, qui fait suite au bulletin ronéotypé SIPECA et paraît deux fois par trimestre, informe sur les activités de la Communauté Européenne, mais aussi du Conseil de l'Europe et du Parlement européen. Il aborde notamment les droits humains, les politiques de la famille et de l'éducation, de la culture et du développement, ainsi que les aspects sociaux et éthiques de l'ensemble des problèmes européens. On y trouve des Notes sur l'Europe et la culture (n° 12, mai 1983), sur le développement et le dialogue Nord-Sud (n° 20, mai 1984), sur la famille et l'évolution démographique (n° 25, janvier 1985), sur l'Europe des démocraties, diversité et universalité (n° 41, janvier-février 1987), sur les droits de l'homme et l'objection de conscience (n° 43, avril-mai 1987).

De leur côté, les religieux ont constitué une Union des conférences européennes de supérieurs majeurs (UCESM). Depuis 1958, une douzaine de secrétaires généraux d'unions de supérieurs majeurs se retrouvaient chaque année pour des échanges informels. Bientôt fut décidée une assemblée de présidents et secrétaires généraux européens à Paris, en avril 1980 (DC 1980,729). Et enfin, en novembre 1983, l'UCESM fut créée. Après une allocution de Jean-Paul II sur "la vocation des religieux et religieuses en Europe (témoignage authentique à l'Évangile, vivre parmi les pauvres), le P. Cabra, président, présenta un rapport "pour 500.000 religieux et religieuses d'Europe", y évoquant la collaboration, faire des religieux 'européens', l'ouverture aux autres continents, l'évangélisation hier et aujourd'hui) (DC 1984,30-37). L'UCESM est érigée en personne morale de droit ecclésiastique et possède des statuts approuvés (DC 1984,491-493).

De plus, dans chaque région, dans chaque pays, les épiscopats ont envoyé à leurs fidèles des Lettres ou des Documents ayant pour objet unique ou partiel l'Europe, sa situation spirituelle, son avenir [13].

Les rencontres d'évêques d'Europe, entreprises sous diverses formes, sont toutes nettement "pastorales". Elles visent les personnes habitant l'aire géographique européenne, les "européens", leurs valeurs et leurs défauts, leurs cultures, leur existence quotidienne. Elles orientent et éclairent les pasteurs, leur ministère. D'où une pastorale plus étudiée et mieux coordonnée aussi. Jamais dans l'histoire les épiscopats de l'Europe n'ont connu des rencontres d'une telle qualité.

Les allusions d'ordre dit "politique" sur l'unification de l'Europe comme telle sont secondes. Et heureusement, pourrait-on ajouter. Car si la paix, la justice, la solidarité, la fraternité, l'amélioration de toutes les conditions d'existence et de progrès doivent être envisagées par les chrétiens, l'unification économique, sociale ou politique d'une région ne constitue pas, comme telle, un objectif direct de l'évangélisation.

Un thème de réflexion pourrait être proposé concernant ces rencontres épiscopales : ne pourraient-elles pas déployer davantage et expliciter plus expressément les effets de sécularisation considérés comme valables ? Voici un exemple, par manière d'illustration. La liturgie des Rogations perd normalement de sa ferveur lorsque les agriculteurs découvrent l'action des engrais. Cette forme de sécularisation : (a) comporte en elle-même un aspect valable, un progrès, (b) dont on peut se réjouir au plan humain et terrestre, (c) qui peut aussi nous faire remonter à Dieu, Créateur d'êtres humains doués d'une raison toujours en appétit d'améliorations libératrices et "humanisantes", mais (d) dont on peut également craindre un mésusage multiforme, pollution, etc. C'est la donnée (c) qui pourrait être, semble-t-il, plus étudiée, plus expliquée : d'abord pour nourrir la vie théologale des chrétiens, grâce à un don divin de valeur planétaire, ensuite parce que cette absence joue en faveur du sécularisme lui-même, toujours actif comme l'annonce la révélation chrétienne. Un groupe d'étudiants, revenant d'Afrique où ils devaient faire chaque jour dix kilomètres pour trouver une eau "potable", rendent aujourd'hui grâce au Seigneur chaque fois qu'ils ouvrent un robinet, indice de modernité, valable pour tous, planétaire. Mais il existe des milliers d'indices de ce genre : routes, chauffage, sécurité, etc. [14].

2. LA RECHERCHE DES IMPLICATIONS D'ORDRE THEOLOGIQUE

L'ensemble imposant de textes et documents de qualité qui concernent l'Europe actuelle, et particulièrement son unification en cours, anime de manière appuyée et soutenue la pastorale de toute la communauté ecclésiale de ce continent. Tous les disciples de Jésus-Christ sont invités à être un ferment de vie chrétienne, à porter des fruits "spirituels" en toute l'aire géographique européenne. Tel est l'enjeu fondamental de l'engagement qui leur est demandé.

Cet engagement suscite bientôt des questions. Quelques-unes d'entre elles ont été rappelées au début de l'Introduction. Et elles sont bien d'ordre "théologique", au sens le plus strict du terme. "Quel rapport voyez-vous", clamait un intervenant au cours d'une réunion, "entre l'unification de l'Europe et le Royaume de Dieu ?" Simple est la question, mais bien délicate, bien complexe s'avère la réponse. Ce sera l'objet des pages qui suivent. Elles constituent certes une tâche "seconde" par rapport à l'engagement pastoral lui-même, mais une donnée "indispensable" en fin de compte.

Mais sur quelles données de la théologie cette réponse pourra-t-elle s'appuyer et trouver quelque lumière ? C'est ce qu'il nous faut expliquer maintenant.

Théologie et théologie du politique

La théologie est, certes, la "science de Dieu". Nous voilà assez loin de l'Europe. Peut-être. Car le terme "théologie" - theos-logos" - n'est pas d'origine chrétienne [15]. Il désigne la connaissance de Dieu, les relations à l'Etre suprême, à la divinité. Mais lorsqu'il est repris par le christianisme, il désigne la "science de *notre* Dieu". Et notre Dieu est la sainte Trinité, Père, Verbe et Esprit. Un Dieu qui veut nous faire participer à sa vie divine elle-même en une admirable "divinisation" ou "déification". Une déification qui nous fait communier à la vie de Dieu, en conscience contemplative, dans l'adoration et l'action de grâces. Une déification qui nous fait communier en même temps à son Agapè rayonnante de toute éternité. Amour créateur, sanctificateur, rédempteur. Amour qui entre dans l'histoire et conclut avec l'humanité une série d'alliances. Amour qui vise toutes ses créatures tout en manifestant une spéciale bienveillance à l'égard de "la veuve, de l'étranger, de l'orphelin". Amour qui conduit toute l'humanité à une destinée inouïe d'accomplissement dans le Royaume. On perçoit déjà qu'un *tel* Dieu rencontrera à un certain moment les personnes, les groupements, les structures, les sociétés. Ce n'est pas là une nouveauté des temps modernes : les diverses écoles scolastiques du moyen âge, lorsqu'elles ont déterminé l'objet matériel de la théologie, disent : Dieu, en ordre principal, et aussi toutes les créatures dans la mesure où elles ont une relation d'origine, de finalité, de salut avec le Dieu de la révélation [16].

Vers le milieu du XXe siècle, après la guerre 1940-1945, la vie théologique a connu une réelle fermentation due à certains facteurs particulièrement féconds.

D'abord, les recherches historiques développées depuis les débuts du siècle nous ont fait mieux connaître ce qu'étaient réellement le milieu biblique, les Pères de l'Église, la liturgie ancienne, la spiritualité au cours des temps, la vie quotidienne des Églises. Et par ailleurs, les nombreuses herméneutiques (exégèse historico-critique, sociologie des religions et des institutions, multiples herméneutiques philosophiques) ont partiellement remis en question et parfois renouvelé les données formalisées au cours du XIXe siècle en ces matières : philosophie générale, histoire de l'Église, formulations dogmatiques, positions éthiques, enjeux de spiritualité [17].

D'autre part, la vie même des communautés chrétiennes demandait que soient précisés certains secteurs de la prédication, et donc de la théologie qui en constituait le soubassement. Ainsi, pour les catholiques marqués par le mouvement de l'"action catholique", on développa les thèmes doctrinaux pouvant contrer l'action de schèmes sociétaires libéraux-laïques assez courants, qui renvoyaient à la vie "privée" toute forme de religion ou de révélation. La critique marxiste de la religion "opium du peuple" appelait aussi les théologiens à mieux déployer les positions de la pensée chrétienne sur les laïcs, l'existence terrestre, les réalités profanes, le travail, la culture, les conflits sociaux même et aussi l'histoire du monde [18], bref une conception de l'être humain dans toutes ses dimensions, et non seulement en tant qu'il est "un corps" + "une âme", un être humain sans qualification sociale, culturelle, politique ou autre et tenant toute sa valeur de son "essence humaine" à l'état pur. Enfin, dans des perspectives plus globales, l'idéal des Lumières, de la rationalité, du progrès invitait, par ses succès fascinants et par ses dérives inquiétantes, à "évaluer" la portée de ce moment historique du devenir séculaire de l'oeuvre d'hominisation inaugurée avec l'acte créateur : la modernité avait à "passer un examen" rigoureux [19].

Semblables appels, dans semblable contexte, ont donné lieu à la parution d'un ensemble copieux d'études. On peut schématiquement grouper ces travaux en deux catégories répondant à deux objectifs distincts.

1. Un premier groupe de chrétiens veut s'éloigner d'une compréhension personnaliste-individualiste de la foi chrétienne, parce que cette intentionnalité pieuse joue alors en faveur d'un statu quo de l'ordre établi, quel qu'il soit, et tend à faire accepter ce que celui-ci charrie de "non-chrétien", voire de réellement "anti-chrétien". Ce groupe, invité à annoncer l'Évangile, à être le "ferment" spirituel de la société, à transfigurer la culture par le message de Jésus-Christ, demande que soient précisés les objectifs concrets de cette action. Alors commence une réflexion qui, à première vue, pouvait paraître relativement aisée, mais qui, bientôt, se révèle délicate, laborieuse. Il y a lieu, en effet, d'abord d'établir et d'expliquer ce qui est "chrétien", ce que requiert Jésus-Christ et son message, ensuite, de savoir et de montrer ce qui est non-chrétien dans la société, à tous les niveaux d'existence de celle-ci. Or, la gamme des données pouvant rassembler les enseignements du message de Jésus-Christ est considérable et pluriforme, et la gamme des situations "non conformes" à tous les niveaux de la société est tout aussi étendue et variée. Quelles sont ces gammes ? Comment les déterminer toutes ? Comment éviter les oublis, les erreurs d'évaluation ? Oeuvre malaisée, même pour l'objet qui nous concerne ici. Seule une réflexion

théologique sérieuse doublée d'une analyse sociale rigoureuse peut s'y atteler avec un minimum de risques.

Cette forme de fermentation théologique peut être appelée "théologie du politique", au sens de réflexion à partir de la foi et portant sur les divers secteurs globaux de la société : politique, économique, social, culturel, etc. La littérature en ce domaine est abondante [20]. Elle a suscité d'innombrables débats autour des travaux de J. Moltmann et de J.-B. Metz [21]. Elle a connu des pointes dans la "théologie de la libération" et dans la "théologie de la révolution" [22].

2. Mais ce genre de réflexion théologique visant le "Monde" a bientôt été appliqué aussi à l'"Église" : sa structure, son message, sa prière, son image. Les autorités ecclésiastiques ont d'ailleurs régulièrement reconnu la nécessité de "cette réforme permanente dont elle [l'Église] a perpétuellement besoin en tant qu'institution humaine et terrestre" (Décret sur l'oecuménisme, 6). En effet, la rencontre entre les divers domaines de la communauté ecclésiale avec les différents secteurs de la société civile est inévitable, à travers les individus comme à travers les institutions. Cette rencontre entraîne inéluctablement une certaine osmose, avec des intégrations, des tolérances, des dysfonctionnements, des rejets. Considérés du point de vue de l'Église (sa structure, sa pensée, sa spiritualité, sa liturgie, etc.), certains éléments de l'ordre civil (son administration, ses projets, ses moyens, ses réalisations, etc.) sont acceptables, fût-ce parce qu'ils représentent ce qu'une vie humaine en société requiert de tous. Mais d'autres éléments peuvent être ambivalents, médiocres, regrettables, nocifs, inacceptables, à courte ou à longue échéance (attitudes, conceptions, traditions, données juridiques, idéologies, etc.). Et la concertation à ce propos s'engage parfois de façon curieuse au cours de rencontres relatives à la pastorale. Tous déclarent, et avec raison, que "l'Église n'est pas une société comme les autres". Mais ce principe est compris de manière différente. Certains, soucieux d'ordre, d'autorité, de tradition, de fermeté, d'identité, reprochent à d'autres d'introduire dans leur conception de l'Église - de sa structure et de son message - telles idées politiques qui ne conviennent qu'à la société civile. Mais ces autres répliquent qu'ils reprochent précisément à l'Église - à l'institution et à la doctrine - d'être inconsciemment inféodée à des modèles d'ordre politique qui ne sont pas en harmonie avec l'Évangile.

D'où des travaux sur l'histoire de l'Église et de l'image qu'elle offre d'elle-même : au temps des Apôtres, à l'époque de Constantin, de Charlemagne, au temps de Boniface VIII, sous l'Ancien Régime, à l'époque des Rois très catholiques, etc [23]. D'où également, des études visant, non le statut global de l'Église et du Pouvoir civil, mais les structures de cette Église, sa pensée concernant le monde et la cité, sa liturgie, ses stratégies, ses silences... [24]

Et les débats en arrivent inévitablement au critère même qui devrait permettre de porter un jugement final sur certains différends : quel Évangile ? quel Jésus-Christ ? quel Magistère ecclésiastique ?

Comment se développe semblable théologie ?

Ce type de théologie a revêtu des formes variées. On peut en esquisser les traits généraux en signalant, en bref, deux "logiques" de son déploiement. Les aspects d'induction et de déduction sont présents en l'une et l'autre, mais à des moments différents et en des intensités diverses; et les ensembles présentés sont en connexion avec les situations concrètes de leur milieu d'origine.

1. Première "logique" doctrinale. Elle se déploie comme suit. Il s'agit de préciser ce que la révélation chrétienne inspire et suggère pour la condition de notre monde, lequel est un processus en permanente évolution, en devenir. On ne peut oublier entre-temps ni certes mésestimer les possibilités de surprise que peuvent nous réserver la liberté des êtres humains et les visites de l'Esprit. Mais on est aussi en mesure de dessiner quelques traits de ce que sera la condition définitive, céleste, de ce monde. Ainsi, la révélation judéo-chrétienne nous décrit avec force une "eschatologie", ou doctrine des "fins dernières", de type appelé "linéaire", ayant donc un commencement et une fin. Elle se distingue des eschatologies de type circulaire (les éternels recommencements) ou de type fusionniste (la goutte d'eau dans l'Océan). Ainsi décrit, le Royaume revêt même quelques reflets colorés et chaleureux : il est appelé Amour, Vie, Joie, Lumière, et aussi Banquet, Cité sainte; en opposition à Haine, Mort, Douleur, Ténèbres.

Partant de ces données générales, mais non "abstraites", ni "vaporeuses", et passant par la médiation humaine d'une analyse ou d'un raisonnement, on peut s'avancer prudemment vers l'action, en évoquant des orientations, des chemins, des indications, voire quelques modèles au sens très modeste du terme, concernant toute l'existence humaine et toute son histoire, depuis la première venue du Seigneur à Bethléem jusqu'à l'heure de la Parousie à la fin des temps.

Ces indications et orientations visent une réalité "dynamique" et sont donc à penser et à vivre de cette façon. En effet, tout l'ensemble des valeurs "terrestres" qu'elles marquent de leur "empreinte" est en devenir, en marche. Et c'est à partir du "terme" de la destinée que sera formulé un jugement théologique de progrès ou de régression, au sens "ultime" de ces termes, en référence au Royaume. - De là vient que ces essais de théologie du politique sont axés sur la vertu d'espérance. C'est l'espérance qui anime ce monde en devenir et qui surdétermine en qualité "ultime" l'efflorescence de nos espoirs séculiers. A partir de cette perspective finale, "eschatologique", le chrétien estime reconnaître des "*signes*" de ce Royaume déjà présent en mystère ici-bas, signes qu'il appelle pressentiment, prélude, ébauche, "substrat du Royaume" (Jean-Paul II, DC 1986,796). Telle est la première tâche de cette forme de théologie du politique. - Mais il en est une deuxième. Ces "signes" du Royaume, quelle qu'en soit la qualité, sont toujours imparfaits : ils demeurent toujours en-deça de la perfection du Royaume pleinement accompli au ciel. Les chrétiens sont ainsi amenés à observer une "réserve eschatologique" : leur joie n'est jamais complète comme sera la Joie du Royaume. Et c'est même à partir de cette incomplétude spirituelle qu'ils s'estiment en mesure de porter un jugement "ultime" sur les réalisations terrestres obtenues, une appréciation "ultime" des signes repérés dans l'espérance, bref, d'exercer une *critique* "ultime" de ces préludes du Royaume. Cette critique porte sur leur contenu de qualité "définitive" évalué d'après leur correspondance avec leur achèvement céleste.

2. Deuxième "logique" doctrinale. Elle part, cette fois, d'une induction travaillée à partir d'une situation socio-culturelle et économico-politique - généralement marquée d'injustices et de servitudes - dans telle ou telle région. Ce travail met en oeuvre toutes les formes d'analyse sociale connues. En fait, l'analyse marxiste, plus répandue et très développée, est privilégiée. La question qui se pose alors, est de savoir si et jusqu'à quel point on peut utiliser cette analyse sans s'engager en même temps et nécessairement dans la philosophie qui l'intègre. L'*Instruction* de 1984 sur la théologie de la libération a fourni sur ce sujet une critique implacable visant l'arrière-plan idéologique de certaines théologies de la libération (DC 1984, 890-900). A cette époque, le cardinal J. Ratzinger a précisé sa pensée : "... ce que je reproche à un certain type de théologie de la libération, ce n'est certes pas l'engagement social de ses auteurs, ni non plus la question de l'existence dans le marxisme d'éléments socio-économiques susceptibles d'être utilisés, mais de façon critique et à certaines conditions données, lorsqu'on fait le procès d'une

situation sociale" : "... im Marxismus Elemente einer sozialen und ökonomischen Analyse liegen, die man unter den gegebenen Bedingungen im gesellschaftlichen Prozess kritisch anwenden kann" [25].

Tablant sur les résultats de cette analyse, on peut alors élaborer les divers aspects d'un jugement doctrinal à porter sur cette situation à partir de la foi chrétienne. La foi chrétienne, c'est *toute* la doctrine qui nous a été apportée par la révélation divine concernant Dieu, la religion, l'Église, la charité, la justice, la souffrance, la solidarité, les fins dernières. C'est donc à la lumière de l'*ensemble* de la foi chrétienne que pourra être établie une estimation équilibrée et judicieuse de la qualité chrétienne ou non-chrétienne d'une situation.

De fait, une réflexion théologique de cette nature a été inaugurée de manière systématique dans des régions où règne un état d'oppression sociale, économique, politique. L'analyse a donc été établie à ce point de vue, et c'est le filon et la portée prophétiques de la foi chrétienne qui ont été mis en valeur en première instance. Avec certains écueils qui ont été vivement signalés. Il eût été opportun, semble-t-il, pour ces mêmes régions soumises à l'analyse sociale, de soumettre à une semblable critique vigoureuse l'idéologie vécue par les pouvoirs publics responsables de ces situations d'injustice. Cette idéologie a été signalée et étudiée par quelques théologiens, qui en ont stigmatisé l'efficace [26]. Ainsi, lors du voyage de Jean-Paul II au Brésil, le professeur M. Schooyans écrivait que dans le contexte brésilien de l'époque, toutes les questions majeures qui se posent dramatiquement sont liées moins au marxisme qu'à la doctrine de la "sécurité nationale". "Aucun des grands problèmes qui frappent la société brésilienne et que le Pape a évoqués ne peut se comprendre en profondeur en marge d'une référence directe et explicite à cette doctrine-là"[27]. De fait, dans l'*Instruction sur la liberté chrétienne et la libération*, le "principe de la sécurité nationale" est mentionné (DC 1986,409). Mais, jusqu'à ce moment, seule l'idéologie marxiste a été analysée dans ses fondements, ses pièges, ses erreurs funestes. L'autre idéologie était cependant visée par quelques flèches décochées avec précision. L'*Instruction* de 1984, s'adressant explicitement aux "défenseurs de l'orthodoxie", leur rappelait "le reproche de passivité, d'indulgence ou de complicité coupables à l'égard de situations d'injustice intolérables et de régimes politiques qui entretiennent ces situations" (DC 1984,900). Quant à l'*Instruction* de 1986, elle faisait entrevoir "l'élaboration et la mise en route de programmes d'action audacieux en vue de la libération socio-économique de millions d'hommes et de femmes dont la situation d'oppression économique, sociale et politique est intolérable" (DC 1986,407). Le terme "intolérable", employé deux fois, manifeste une requête urgente.

3. LA MISSION DE L'EGLISE

Il n'est pas question de traiter ici de tout ce qui concerne la "mission" de l'Église. Seront rappelés uniquement deux éléments constitutifs de cette mission, éléments indispensables à qui veut éclairer une réflexion sur la démarche du chrétien dans la réalisation de l'unité européenne.

Le salut "intégral"

La mission de l'Église peut, tout d'abord, être résumée en un terme : le "salut". On a cherché au terme "salut" des synonymes, des vocables plus parlants, moins suspects d'idéalisme, tel libération. Cette recherche a eu l'avantage de faire réfléchir, mais avec la conséquence quasi inévitable d'appauvrir le vocabulaire biblique. Les discussions, en tout cas, ont eu pour résultat de voir affirmer plus fermement le caractère "intégral" du salut des êtres humains et de l'humanité. Conversion intérieure et communion de vie avec Dieu, certes, sans conteste, et en première instance. Mais aussi libération socio-culturelle et économico-politique des systèmes et des structures. La Déclaration finale du Synode épiscopal de Rome en 1974 le déclare et le répète : "salut intégral ou libération intégrale des êtres humains", "salut total de l'être humain ou son entière libération", "le salut intégral ou la pleine libération" (DC 1974, 964-965). Bref, le salut chrétien atteint réellement, authentiquement, les personnes et les communautés, les systèmes et les structures, tous les niveaux, toutes les dimensions. Et le Synode épiscopal de 1985, tout en insistant particulièrement sur l'aspect "divin" de l'Église, s'exprime comme suit concernant "le salut" : "La mission de l'Église relativement au monde doit être comprise comme intégrale. Car, bien que spirituelle, la mission de l'Église implique la promotion de l'homme aussi dans le domaine temporel. En conséquence, la mission de l'Église ne peut se réduire à un monisme, en aucun sens. Évidemment, cette mission implique une claire distinction, mais nullement une séparation, entre les aspects naturels et ceux de la grâce. Cette dualité n'est pas un dualisme. Il faut donc écarter et dépasser les oppositions fausses et inutiles, par exemple entre la mission spirituelle et le service pour le monde" (DC 1986, 42).

Par ailleurs, l'aspect "terrestre" du salut chrétien porte inéluctablement la marque de notre condition tout aussi "terrestre" : tares et lacunes, mélanges et ambiguïtés, éléments caducs et transitoires. L'action du chrétien en ce monde - l'histoire le montre chaque jour - est sujette à la fragilité, au provisoire, à l'ambiguïté, à l'erreur.

En 1977, la Commission théologique internationale (DC 1977, 761-768) a proposé une réflexion plus affinée sur "l'unité profonde qui lie l'histoire divine du salut opéré par Jésus-Christ aux efforts déployés en faveur du bien des hommes et de leurs droits" (p. 762). Au-delà d'un dualisme inacceptable et d'une identification pure et simple, "il faut que le chrétien saisisse plus pleinement l'unité totale de sa vocation au salut". Que nous enseigne la Bible ? Dans l'ensemble, l'Ancien Testament, notamment chez les prophètes, et le Nouveau Testament unissent toujours les reproches et les adjurations à un appel confiant à Dieu. D'ailleurs, la libération complète ne concerne pas seulement l'être humain *tout entier* et *toutes* les puissances mauvaises, elle ne s'achève pas dans l'histoire terrestre : selon la foi chrétienne, elle conduit à la "terre nouvelle", à la "cité de Dieu" (p. 765).

Cette "unité de connexion" (p. 766) devra encore faire l'objet d'analyses et de recherches nouvelles. Toutefois, le caractère fondamental de l'unité en question ne pourra pas être dépassé, enraciné comme il l'est, peut-on dire, au centre même de la réalité. "*D'une part* l'histoire concrète est, d'une certaine façon, le lieu où le monde est transformé à tel point qu'il touche au mystère même de Dieu. C'est bien pourquoi 'demeurent' la charité et son fruit. Telle est la raison dernière de la possibilité d'un élément qui lie le bien et le droit avec le salut, même s'il n'y a pas union plénière, parce que l'achèvement eschatologique vient 'abolir' et 'faire passer' l'histoire concrète. *D'autre part* le Règne de Dieu 'dirige' l'histoire et dépasse de façon absolue toutes les possibilités d'un accomplissement terrestre; il se présente dès lors comme l'action de Dieu : cela implique une rupture par rapport à ce monde, quelque perfection que l'on reconnaisse à celui-ci. Dans l'histoire de chaque individu cette discontinuité est ressentie comme mort, mais en tant que 'transformation' elle affecte l'histoire tout entière comme 'perte' du monde. Une telle 'dialectique', exprimée en ces deux principes irréductibles, ne trouve pas de solution; elle ne peut, ni ne doit, être évacuée de la vie présente dans l'état de 'viator'. L'accomplissement eschatologique, qui est encore objet d'attente ('réserve eschatologique'), est la cause pour laquelle le rapport entre le Royaume de Dieu et l'histoire ne peut s'énoncer, ni sous la forme d'un monisme, ni sous celle d'un dualisme; par conséquent la définition de ce rapport ne peut, de par sa nature, que rester comme en suspens" (p. 766).

Sur un point, la Déclaration apporte un élément d'interprétation des textes officiels. Après avoir cité quelques passages incisifs de documents de Vatican II sur le renouvellement de l'ordre temporel, elle poursuit : "Ces textes nous invitent à considérer les luttes pour la justice, tout comme la participation à la transformation du monde, 'comme un élément constitutif de l'annonce de la foi'. Cette expression même de *ratio constitutiva* est encore l'objet de controverse; elle semble appeler une interprétation plus précise d'après laquelle, à s'en tenir au sens strict des formules, elle désigne une partie intégrante mais non essentielle" (p. 766). C'est, est-il dit dans la note 54, "l'interprétation qui fut donnée par le synode de 1974".

Cette Déclaration doit être lue dans son entièreté. Et sans doute doit-elle être aussi analysée à l'aide de l'instrument critique qu'elle offre elle-même à propos des théories sociologiques mises en oeuvre dans certaines recherches, à savoir : s'interroger sur l'éventualité de données idéologiques, explicites ou implicites, ainsi que sur les présupposés philosophiques ou anthropologiques adoptés (p. 763).

"Evangélisation" et "collaboration"

La mission de l'Église peut assumer les formes les plus variées : individuelles ou collectives, par toutes les expressions du témoignage. Pour aider à la réflexion sur le rapport entre la foi chrétienne et l'engagement politique, nous comptons préciser ici deux types de témoignage chrétien : l'annonce explicite de Jésus-Christ et de l'ensemble du message chrétien, la collaboration avec tous ceux que les documents ecclésiastiques appellent des personnes "de bonne volonté".

a. L'annonce explicite de Jésus-Christ et de son message s'impose évidemment à la communauté ecclésiale. Le Seigneur nous a dit : "Allez, de toutes les Nations faites des disciples". Une "bonne nouvelle", on désire l'annoncer partout. Paul VI a publié une charte de l'"évangélisation" (DC 1976,1-22). Jean-Paul II appelle régulièrement à une "nouvelle évangélisation". Cette tendance incarne l'impulsion donnée par le dynamisme de l'Agapè divine, impulsion dont l'horizon serait de rassembler tous les êtres humains sous le Règne du Christ. On l'appelle aussi la dimension "missionnaire" de l'Église. La "mission" trouve un point d'application partout, y compris auprès de ceux qui ont déjà accueilli le christianisme. "Évangélisatrice, écrivait Paul VI, l'Église commence par s'évangéliser elle-même. Communauté de croyants, communauté de l'espérance vécue et communiquée, elle a besoin d'écouter sans cesse ce qu'elle doit croire, ses raisons d'espérer, le commandement nouveau de l'amour. Peuple de Dieu immergé dans le monde, et souvent tenté par les idoles, elle a toujours besoin d'entendre proclamer les grandes oeuvres de Dieu qui l'ont convertie au Seigneur, d'être à nouveau convoquée par Lui et réunie. Cela veut dire, en un mot, qu'elle a toujours besoin d'être évangélisée, si elle veut garder fraîcheur, élan et force pour annoncer l'Évangile" (DC 1976, 3-4).

Les épiscopats des pays européens se sont efforcés, au cours des deux dernières décennies notamment, de préciser les objectifs et les conditions d'un renouveau d'évangélisation dans leurs régions.

Les catholiques sont également appelés par leurs pasteurs à oeuvrer en collaboration avec les autres chrétiens et avec les personnes "de bonne volonté" dans toute l'aire des activités qui, en cohérence d'esprit avec l'Évangile, ont un point d'application humain dans la société civile. Et le rappel d'une seule déclaration en ce sens ne peut être que stimulant.

Ainsi, on peut lire dans le *Décret sur l'apostolat des laïcs*, 14 : "Les catholiques s'attacheront à collaborer avec tous les hommes de bonne volonté pour promouvoir tout ce qui est vrai, juste, saint, digne d'être aimé (cf. Phil. 4,8). Ils entreront en dialogue avec eux, allant à eux avec intelligence et humanité, et rechercheront comment améliorer les institutions sociales et publiques selon l'esprit de l'Évangile. Parmi les signes de notre temps, il faut noter particulièrement ce sens toujours croissant et inéluctable de la solidarité de tous les peuples, que l'apostolat des laïcs doit développer et transformer en un désir sincère et effectif de fraternité. Enfin les laïcs doivent prendre conscience de l'existence du secteur international, des questions et des solutions doctrinales qui s'y font jour, en particulier en ce qui concerne les peuples qui font effort vers le progrès". Voilà quelques indications sur le principe de la collaboration et sur les conditions et vertus que celle-ci requiert. Semblable appel à la collaboration perce dans de nombreux documents ecclésiastiques relatifs à l'unité européenne.

b. Ce sont là deux activités "essentielles" à la mission de l'Église, mais s'exerçant selon des modalités propres, distinctes. On s'en rend mieux compte en lisant l'exposé que fit le Président du Secrétariat pour les non-chrétiens sur les relations entre "Dialogue et mission". Il évoquait à un certain moment l'existence de deux institutions : La Congrégation pour l'évangélisation des peuples et le Secrétariat pour les non-chrétiens. "Loin de se neutraliser ou de se supplanter, disait-il, les deux organismes poursuivent tous les deux, par des voies et des méthodes propres, des finalités distinctes mais intégrées dans *l'unique et multiforme dessein de Dieu*" (DC 1969, 79).

Cette citation montre, indirectement, que toutes les activités qui concernent le rôle de l'Église et la tâche des chrétiens par rapport à l'unification de l'Europe auraient avantage à ne pas entremêler ces finalités et leurs composantes, mais à les distinguer avec soin au coeur de l'unique dessein de Dieu sur ce monde.

Cette distinction entre annonce directe et collaboration est à maintenir, notamment, parce qu'elle détermine notablement l'état d'esprit, la psychologie, la mentalité de ceux qui veulent s'engager chrétiennement en ce monde. Lorsque les jocistes de 1930 chantaient, avec leur aumônier J. Cardijn, "nous referons chrétiens nos frères, par Jésus-Christ, nous le jurons", quel était, dans leur esprit, le "moment" de cet avenir triomphant ? Vingt ans, un siècle, ou la fin des temps ? Les conséquences de la réponse à cette question sont grandes pour la façon dont il convient, et même dont il faut envisager une collaboration avec d'autres européens pour promouvoir la justice, la paix, les droits humains, etc. D'ailleurs, cette réponse importe déjà lorsqu'est déterminé le "comment" de ce qu'on appelle la proclamation explicite de la Bonne Nouvelle. Le "comment", en effet. Car "annoncer", "proposer", "proclamer", "témoigner", voire "dire" sont des actes qui peuvent être pensés et être accomplis selon une multitude de registres qui sont échelonnés entre les clameurs d'un militantisme plutôt péremptoire et une démarche empreinte d'humanité et de sagesse. Certes, tout chrétien entend s'inspirer d'un esprit authentiquement "évangélique"; mais il n'est pas toujours aisé de percevoir ce que semblable esprit requiert en tel lieu, en tel temps, *hic et nunc*.

Cette nécessaire "distinction" est à maintenir notamment lorsqu'il s'agit de démarches chrétiennes visant l'unification politique de l'Europe.

- Ainsi, lorsque les épiscopats des pays européens étudient ensemble les données axiales d'un renouveau d'évangélisation dans ces pays, ils ont en vue, certes, l'Europe. Mais Europe signifie alors les populations de leurs pays, et non l'unification politique de l'Europe, quel que soit l'appoint que cette unification pourrait apporter à la concorde, à la solidarité, à la réconciliation des personnes et des peuples.

- Cette distinction devrait également être maintenue à travers les écrits, discours, conférences ayant pour objet l'unification de l'Europe, et quel que soit le public auquel on s'adresse. Si le public est chrétien "homogène", il est indispensable qu'il soit averti et instruit des modalités et finalités propres de l'"évangélisation" explicite *et* des requêtes propres à la "collaboration". Ces chrétiens pourront ainsi régler leurs recherches et leurs initiatives avec le discernement désirable. Si le public est "pluraliste", maintenir cette distinction est tout aussi indispensable. Semblable public doit percevoir clairement que la personne qui s'adresse à lui est très consciente de la distinction des tâches ecclésiales. Et si, à certains moments, cette personne se veut "évangélisatrice", n'importe-t-il pas que le public "pluraliste" en soit prévenu, avec doigté et un brin d'humour ?

Mais quel est l'enjeu de ce double engagement chrétien, quel est cet "unique dessein de Dieu" ?

L'unique dessein de Dieu

Les analyses de la situation spirituelle des européens stigmatisent régulièrement leur matérialisme pratique et leur indifférence à l'endroit des problèmes "ultimes", comme la survie. Les sondages nous renseignent fréquemment sur l'intérêt médiocre que 50 ou 60 % de nos contemporains portent à l'"éternité", au "ciel". Or, les perspectives "eschatologiques" sont d'importance capitale, aussi en ce qui nous concerne dans cette étude. Bien que mystérieuses, elles peuvent et doivent éclairer notre engagement temporel et fournir un critère permettant d'en apprécier la qualité. Ceci touche donc tous les chrétiens, les fervents autant que les médiocres, et notamment dans le jugement que nous portons sur la condition et sur l'action des non-chrétiens.

Par "perspectives eschatologiques", nous signifions la "condition de la communauté des élus", qui sera appelée ici "Royaume de Dieu". Mais comment décrire ce Royaume lui-même ? Nous n'avons pas de reportage d'astronautes sur cette question. Toutefois, le Nouveau Testament nous fournit des indications, globales certes, mais qui peuvent nous orienter dans une direction déterminée, et qui nous établissent dans un climat de sérénité foncière. Tout d'abord, le séjour du ciel est décrit comme une situation où règnent l'amour, la vie, la joie, la paix, la lumière, la justice, et donc à l'opposé de la haine, de la mort, du malheur, de la guerre, de l'oppression. Ce séjour est aussi communautaire : un banquet, une cité, un royaume. De plus, Jésus nous a donné à plusieurs reprises un bon renseignement : "le Royaume de Dieu est déjà présent ici en mystère, et donc : tes péchés sont pardonnés, lève-toi et marche, etc.". Bref, l'effectuation concrète et humaine de la présence du Royaume se manifeste en rétablissant l'intégrité morale ou même physique de ceux qui sont les bénéficiaires de sa vertu divine.

Cette présence du "Royaume de Dieu" ici-bas, au coeur des personnes et en des manifestations "spirituelles", concerne l'ensemble de la communauté humaine universelle.

a. "Au cœur des personnes", tout d'abord. Le Royaume de Dieu s'établit au coeur des chrétiens, lorsqu'ils accueillent, en toute vérité existentielle, le Seigneur et son message, accueil scellé dans le rite baptismal et parachevé dans la célébration eucharistique, dans l'incorporation à l'Église. Le Royaume de Dieu peut advenir aussi au coeur d'autres croyants, "chez ceux qui, sans qu'il y ait faute de leur part, ignorent l'Évangile du Christ et son Église, mais cherchent pourtant Dieu d'un coeur sincère et s'efforcent, sous l'influence de sa grâce, d'agir de façon à accomplir sa volonté telle que leur conscience la leur révèle et la leur dicte" : ceux-là, en effet, "peuvent arriver au salut éternel" (*Lumen gentium*, 16). Enfin, le Royaume de Dieu peut advenir au coeur de non-croyants; en effet "à ceux-là mêmes qui, sans faute de leur part, ne sont pas encore parvenus à une connaissance expresse de Dieu, mais travaillent, non sans la grâce divine, à avoir une vie droite, la divine Providence ne refuse pas les secours nécessaires à leur salut" (*Lumen gentium*, 16). L'expression 'le salut des autres' appelle un mot d'explication. Parlant d'une existence droite et honnête susceptible de constituer un relais favorable à l'obtention du salut, la doctrine catholique n'imagine pas des personnes non-chrétiennes qui, tout en menant et bien que menant une existence droite et honnête, demeureraient en état de péché mortel jusqu'à leur dernier instant, puis subitement obtiendraient la vie éternelle. Non. Ce salut leur est donné par Dieu dès que se présente en eux l'accueil nécessaire, lequel est impliqué dans une existence droite et honnête; et il s'appelle sanctification, ou grâce sanctifiante, avec des possibilités de progrès ou de régression, comme chez les chrétiens, et "aux mêmes conditions".

"En des manifestations spirituelles". Spirituelles au sens biblique de "accomplies selon et dans l'Esprit". Dès à présent, ici-bas, l'Esprit envoyé en ce monde porte du fruit, des fruits dont saint Paul précise la nature : amour, joie, paix, patience, bienveillance, foi en Dieu, maîtrise de soi (Gal 5, 22-23). Les diverses énumérations pauliniennes nous montrent l'éventail des "fructifications" visibles qui ont leur source dans le dynamisme de l'Esprit. Elles permettent d'envisager l'ensemble des manifestations spirituelles affectant l'ensemble des dimensions humaines bénéficiaires de ces émergences dues à l'Esprit. Ces fructifications spirituelles ont un caractère concret. Le terme *karpos*-fruit fait penser aux fruits que porte un arbre : la visibilité, la dimension sociale sont ainsi engagées et soulignées. Ceci est confirmé par l'antithèse établie par saint Paul entre les "fruits" de l'Esprit et les "oeuvres" de Chair, à savoir : idolâtrie, magie, haines, discordes, beuveries, ripailles et autres choses semblables (Gal 5, 19-21) : tous comportements bien visibles et de société. - Dans le même sens, la charité évangélique requiert dès maintenant une action toujours plus efficace, selon les possibilités réelles de chaque époque, pour la réalisation de tous les aspects d'une existence terrestre *digne* de ce qu'est un être humain : un être créé à l'image de Dieu et devenu dans l'Esprit une créature "nouvelle". Par là sont visées des valeurs éthiques, des valeurs socio-culturelles, des valeurs politico-économiques et toute la gamme des biens vitaux. Cet apport est réel, concret. L'action de l'Esprit en ce monde n'est pas une simple tangence : elle tend à opérer une transformation des personnes et des communautés dans leur intégralité. On perçoit - soit dit en passant - combien nombreux sont les "lieux de rencontre" de ces points d'application d'ordre "spirituel" avec les objectifs visés dans les requêtes des droits humains fondamentaux [28]. Et tout ceci concerne bien "l'ensemble de la communauté humaine universelle" [29].

b. Cette signification reconnue à l'adjectif "spirituel", à savoir "accompli dans et selon l'Esprit", engage une compréhension particulière, et très significative, du *couple classique "temporel-spirituel"*. Celui-ci a une longue histoire, dont on peut dégager deux formes de représentation. L'une d'elles, dans ses conceptions théologiques, distingue "deux mondes", l'un "naturel", l'autre "surnaturel". Et comment les coordonner ? Il n'y a qu'une fin historique, dit-on, la félicité surnaturelle éternelle : la fin naturelle doit donc lui être subordonnée. Et, par conséquent, le pouvoir temporel, qui oeuvre à la fin terrestre, doit être subordonné au pouvoir spirituel, qui tend au but ultime surnaturel. Le couple temporel-spirituel est coincé dans la tenaille des pouvoirs. Pie XII lui-même a rappelé, sans y souscrire, cette déclaration de "Notre Prédécesseur Boniface VIII, le 30 avril 1303" : "... sicut luna nullum lumen habet, nisi quod recipit a sole, sic nec aliqua terrena potestas aliquid habet, nisi quod recipit ab ecclesiastica potestate..., omnes potestates... sunt a Christo et a nobis tamquam a Vicario Iesu Christi" (DC 1955, 1223). Or actuellement, l'expression "vie spirituelle", au sens le plus théologique du terme, signifie une existence "in Spiritu Sancto". Le Concile Vatican II a interprété ainsi, à diverses reprises, l'adjectif "spirituel". Dans *Lumen gentium*, 34, le culte "spirituel" c'est l'ensemble des activités quotidiennes du chrétien - prière et apostolat, vie conjugale et familiale, travail et loisirs - "vécus dans l'Esprit de Dieu". Plus loin, à propos d'eschatologie, *Lumen gentium*, 48, rappelle que viendra le temps où non seulement l'Église, mais "toutes choses seront renouvelées (Act. 3,1) et que, avec le genre humain, tout l'univers lui-même, uni à l'homme et atteignant par lui sa destinée, trouvera dans le Christ sa définitive perfection". En effet, "la nouvelle condition promise et espérée a déjà reçu dans le Christ son premier commencement, l'envoi de l'Esprit-Saint lui a donné son élan" et, dans l'Église, "la foi nous instruit même sur la signification de notre vie temporelle, dès lors que nous menons à bonne fin, avec l'espérance des biens futurs, la tâche qui nous a été confiée par le Père".

Bref, "temporel" désigne en ce cas tout ce qui constitue l'existence humaine en ce monde, et "spirituel" signifie "vécu dans et selon l'Esprit-Saint". Ainsi, le culte "spirituel", ce sont toutes les activités humaines accomplies dans l'Esprit. Et l'on pourrait ajouter, *mutatis mutandis*, que l'histoire "spirituelle" de l'humanité, c'est toute l'histoire "empirique" (totalité planétaire et processus) en tant que vécue "dans" l'Esprit ou "contre" l'Esprit. Le changement est considérable. En effet, écrit G. Martelet, [30] "c'est toute la substance humaine que l'eschatologie assume en la dépassant. Le caractère pérégrinal de l'homme indique seulement que la temporalité est commandée par la nécessité eschatologique de s'accomplir en gloire. On comprend aussitôt qu'avec une telle conception du temporel, le spirituel puisse apparaître finalement non comme un règne dominateur mais comme une assomption transformante" (p. 525). Et plus loin : "Le spirituel n'est donc plus théocratique et dominateur, ... mais il est 'pneumatique' et vraiment 'vivificateur'.

Même *institué*, il n'est jamais dispensé de voir s'il est digne de l'Esprit et s'il en porte les fruits" (p. 529).

c. Alors, dans les perspectives de cette histoire planétaire du salut, quelle est la condition "propre" de l'Église, de la communauté ecclésiale ? Car si celle-ci est pleinement insérée dans la communauté humaine universelle, les chrétiens étant également les citoyens d'un pays, elle est aussi réellement distincte de cette communauté, puisque seuls les chrétiens se déclarent disciples de Jésus-Christ et membres de son Église. Pour la théologie chrétienne, cette communion ecclésiale se présente comme une ébauche terrestre "particulière", "privilégiée", "exemplaire" de l'accomplissement eschatologique auquel toute la communauté universelle est appelée [31].

"Particulière" en ce sens que l'ébauche du Royaume telle qu'elle est réalisée déjà par l'ensemble de ceux qui vivent ici-bas en rectitude et droiture à l'égard de leur Absolu, de Dieu, acquiert dans la communauté des chrétiens une teneur et une qualité qui en parachèvent et en approfondissent le caractère de "reflet" et d'"anticipation".

"Privilégiée", car les chrétiens peuvent obtenir en elle : la connaissance explicite de Dieu, de Jésus-Christ, du message évangélique; l'articulation de leur existence à des gestes et des rites religieux chrétiens riches d'une valeur propre de louange, d'adoration, de sanctification plus garantie; enfin, l'aide venant d'une communauté de frères, de leurs pasteurs.

"Exemplaire", enfin, car elle est "signe" et "appel" présentés à tous. Elle éclaire et stimule le devenir de tous les êtres humains dans la voie que ceux-ci suivent déjà sous la lumière d'une révélation naissante et progressive, et sous l'impulsion "en mystère" d'un Dieu non pleinement reconnu.

II. - L'EUROPE AUJOURD'HUI

1. L'AIRE GEOGRAPHIQUE EUROPEENNE

De l'Atlantique à l'Oural

Il est assez courant aujourd'hui de parler d'une Europe dont l'aire géographique s'étend de l'Atlantique à l'Oural, "de l'Europe occidentale aux pays de l'Est", ou encore "de l'Est et de l'Ouest". Cette Europe est évoquée volontiers dans les milieux ecclésiastiques qui entendent promouvoir l'idéal d'une Europe unie. Elle sera appelée dans ce qui suit l'"aire européenne".

En réalité, cette Europe est à peine ébauchée aujourd'hui. Ainsi, les réunions, plutôt décevantes et très significatives, des Accords d'Helsinki représentent quand même une source institutionnelle de dialogue, d'échanges, par-delà les frontières Est-Ouest, et donc "un jalon appréciable qui reste à approfondir", précise Jean-Paul II (DC 1987, 597). Pour le reste, le Pape, s'adressant aux membres du Conseil de l'Europe, à Strasbourg, le 8 octobre 1988, reconnaissait que beaucoup de chemin restait à parcourir : "Les pays membres de votre Conseil ont conscience de n'être pas toute l'Europe; en exprimant le voeu ardent de voir s'intensifier la coopération, déjà ébauchée, avec les autres nations, particulièrement du Centre et de l'Est, j'ai le sentiment de rejoindre le désir de millions d'hommes et de femmes" (DC 1988, 1002-1003).

Entre-temps, on aura pu constater que l'idée d'une Europe élargie est également insérée dans l'offensive à l'Ouest de la diplomatie soviétique. Dans un article intitulé "La maison commune européenne" [32], M.B. Guetta signale que Gorbatchov "se réfère sans cesse à une idée aussi accrocheuse que celle de 'maison commune européenne'". Du moins "comme un objectif et un processus", précise un responsable de l'Institut de l'Économie mondiale et des relations internationales. Sans doute, "les détails de la construction ne sont clairs pour personne", reconnaît le Comité central. Mais le langage adopté au ministère des Affaires étrangères rejoint à l'occasion celui du pape Jean-Paul II. "Nous savons, a-t-on répondu au journaliste, ce dont nous devons sortir : la confrontation, la méfiance, la course aux armements, l'aliénation des deux parties de l'Europe, malgré la profondeur de nos racines culturelles communes". Reste aux politologues à analyser la portée exacte et les intentions réelles de semblables déclarations [33]. Et sans doute constatera-t-on que "l'Europe de l'Atlantique à l'Oural" et la "Maison commune européenne" ne coïncident pas pleinement, surtout si l'on passe de la dimension géographique à la zone profonde où fermentent les options des personnes et les souvenirs historiques des peuples, des nations.

En ce qui concerne la pensée de Jean-Paul II, on pourra en deviner les soubassements en prenant connaissance d'un article que le cardinal K. Wojtyla rédigea avant son pontificat [34]. Invité à collaborer à un n° spécial de *Vita e pensiero* consacré au "Risque Europe", l'archevêque de Cracovie proposa quelques réflexions sur la "frontière" de ce petit continent : *Una frontiere per l'Europa : dove ?* On peut y glaner quelques points significatifs. 1. Lorsqu'on décrit l'aire géographique de l'Europe, celle-ci est généralement représentée comme deux "mondes", deux "blocs", structure qui est avant tout liée aux séquelles de la guerre 1940-1945. 2. Or, lorsque l'on considère cette Europe en profondeur, on se rend compte qu'elle est faite de personnes et de peuples de grande diversité (langue, culture, tradition, histoire) et qui ont tous été marqués de quelque manière par l'évangélisation et donc par certaines valeurs chrétiennes. 3. Cette Europe-là a certes connu dans les siècles passés deux grandes divisions : l'Orient, avec Constantinople, et l'Occident, avec Rome. Et ces deux "variantes européennes" connaissent aujourd'hui des problèmes qui leur sont propres. 4. Toutefois, cette "européité" orientale et cette "européité" occidentale avaient un centre, la "Mitteleuropa" (allemands, polonais, bohèmes, moraves); et cette Europe centrale est devenue importante et toujours aussi diverse lorsqu'elle s'est développée au Sud, dans la péninsule balkanique. Or, elle a été "éliminée" en fait aujourd'hui dans la façon de s'exprimer et même de penser l'Europe.

Origine et devenir des populations européennes

Cette Europe "intégrale" n'est pas née en 1815. La population qui recouvre l'aire européenne peut se prévaloir de très lointains ancêtres. La population : et donc tout ce que représentent, dans les conceptions d'aujourd'hui, un peuple, une nation, un État...

Avant l'ère chrétienne, des valeurs d'ordre philosophique et anthropologique y fermentent. Avec des sommets en Grèce : Socrate, Platon, Aristote, le stoïcisme. Cette fermentation de la rationalité va se déployer, de siècle en siècle, dans les systèmes de pensée, les sciences humaines, les sciences dites "exactes", la sécularité, les Lumières. Un regard rapide sur la table des matières d'une Histoire générale de la philosophie et/ou des sciences en fait découvrir toute l'ampleur. On notera, ce faisant, que ce développement peut revêtir des colorations diverses d'après le lieu où il se déploie (en Gaule, en région espagnole, en pays germaniques) ou d'après l'époque considérée (la philosophie arabe ou juive dans l'Espagne médiévale, le siècle des Lumières et le romantisme allemand). Et ce devenir polymorphe se poursuit aujourd'hui, avec une efflorescence tous azimuts et des nuages de déception et d'inquiétude.

Dès avant l'ère chrétienne aussi, toutes les populations de l'aire européenne ont été amenées à ébaucher certaines formes d'organisation et de structures, qui ont pour nom : famille, groupes, normes d'existence, autorités et aspects juridiques, défense des libertés, associations diverses, etc., avec leurs explicitations variées et leurs justifications progressives. Une Histoire universelle de chaque institution : famille, Société, législation, État, etc. montrerait à l'oeuvre cet effort gigantesque qui se poursuit inlassablement, et qui se poursuivra jusqu'à la fin des temps. Pour simplifier, on pourrait étudier l'histoire des progrès que connurent l'établissement et la justification de ce qu'on appelle aujourd'hui "droits humains", individuels, sociaux, culturels, etc. Ces recherches montreraient aussi qu'une diversité de coloration peut affecter chaque élément des institutions civiles, d'après qu'elles se sont constituées ou transformées en tel temps, en tel lieu [35].

Lorsqu'on étudie cette évolution historique de l'aire européenne, on pourrait aussi, parce que cet élément nous concerne directement ici, consulter une Histoire générale des religions. On y trouvera partout, en ébauche ou en progrès, quelques formes de pratiques cultuelles, de rites individuels et collectifs, spontanés et institutionnels, qui expriment et encadrent une vie religieuse : une présence du Transcendant invisible, un effort de représentation, des éléments de médiation. Sur ce fondement soumis aux émergences heureuses ou aux dérives douteuses se présentent des religions déterminées. Des communautés juives sont décelées dans les grandes cités de l'empire romain. La Grèce ancienne honore ses dieux, et la civilisation hellénistique accepte les dieux de partout, surtout de l'Orient. A Rome, et pour les régions où sa civilisation prend pied, la religion de la cité fait partie de l'administration générale. Alors apparaît le christianisme. Vers l'an 50 de notre ère, un premier pas est accompli par Paul en Grèce, puis il connaît un développement sur lequel nous allons revenir ci-après. Et enfin, à partir du VIIe siècle, certaines régions européennes ont été marquées par l'Islam, dont l'expansion première a été foudroyante : Mahomet meurt en 632, la bataille de Poitiers eut lieu en 732. Dans le monde slave "malgré la venue de divers missionnaires, la majorité de la population slave conservait, au IXe siècle encore, des coutumes et des croyances païennes" [36].

Parmi ces religions, il y a le christianisme. Par saint Paul, ce message pénètre en Grèce au milieu du premier siècle de notre ère. L'Apôtre des Gentils fonde des communautés. Pierre et Paul sont à Rome un peu plus tard. A divers endroits où les premiers "envoyés" sont passés, les disciples du Christ constituent des groupes de "frères", sans jouir d'une position "publique". Ils sont bientôt présents au Sud de la Gaule et au Sud-Est de l'Espagne. A partir de 313, grâce à l'édit de tolérance de Constantin, appelé Édit de Milan, les perspectives vont changer. La religion des chrétiens est autorisée à exister; cette reconnaissance est publique. L'expansion devient plus aisée. On connaît mieux la suite de cette situation.

Entre-temps, dès 150, le déploiement théologique du message chrétien a débuté. Cette activité s'accomplit normalement face aux divers systèmes de pensée de l'époque, des Grecs notamment, et en interaction avec ces systèmes. Et interaction signifie : échanges, osmose, intégration, rejet. Il en va de même actuellement encore, et il en sera ainsi jusqu'à la fin des temps, dans la mesure où la pensée humaine et la réflexion des chrétiens seront "vivantes". Un regard sur la table des matières des Histoires de la théologie peut donner chair à ces indications.

En plus, dès que les chrétiens sont "tolérés", l'aspect institutionnel de l'Église se développe et prend forme : organisation des communautés, noms et titres, législation ecclésiastique, structure de la liturgie et contenu des rites sacramentels, etc. Ici comme dans le monde doctrinal, il y aura entre l'Église-institution et la Société civile des échanges et des interactions, des phénomènes d'osmose, d'intégration, de rejet. Ces activités poursuivent leurs cours aujourd'hui encore, et elles le feront jusqu'à la fin des temps. Sur tout ceci, on sera renseigné par les Histoires de l'Église, des missions, de la papauté ou de la vie quotidienne des chrétiens.

Ce devenir multiple de l'existence des populations européennes comporte une suite considérable d'avancées, de succès, de progrès en tous les secteurs. Il est également affecté, dans l'espace de cette aire européenne, d'une série ininterrompue d'erreurs, d'échecs, de régressions. Bref, on peut parler d'un constat d'"ambivalence".

Dire "constat ambivalent" ne signifie pas que l'actif et le passif de ce bilan pourraient être ramenés à une évaluation fifty-fifty, 50 % de données favorables, 50 % d'éléments négatifs. Mais il est particulièrement malaisé de risquer une estimation d'un progrès réel, dans la mesure où "réel" signifie véritable à tous les niveaux de l'existence humaine individuelle et collective : matériel, culturel, éthique, religieux. Il semble néanmoins qu'un optimisme modéré peut se défendre.

Ce "devenir ambivalent" est manifeste en tous les secteurs évoqués ci-dessus. Dans le domaine de la pensée, ainsi qu'on peut le percevoir en lisant des Histoires générales de la philosophie. Dans le domaine des institutions civiles, ainsi que le rapportent les requêtes, les luttes, les guerres des groupes humains et des nations. Dans le domaine de la vie religieuse également, marqué dans l'histoire par des intolérances, des guerres de religion, mais aussi des sommets de mystique, des heures d'oecuménisme et de réconciliation.

Bien que très généraux, ces aperçus permettent cependant de mieux "situer" les questions qui se posent concernant l'héritage européen, les racines européennes, l'identité européenne.

L'Europe, une "unité plurielle"

Lorsque l'on s'interroge sur la synthèse résultant de ce brassage de doctrine et d'institutions, et que l'on appelle "héritage" de l'Europe actuelle, d'aucuns sont pris de vertige.

Pour Edgar Morin, par exemple, dans *Penser l'Europe* [37], la "dialogique" est au coeur de l'identité culturelle européenne. L'Europe, écrit-il, est à la fois la productrice et le produit "d'un tourbillon fait d'interactions et interférences entre de multiples dialogiques qui ont lié et opposé : religion/raison; foi/doute, pensée mythique/pensée critique; empirisme/rationalisme; existence/idée; particulier/universel; problématique/refondation; philosophie/sciences; culture humaniste/culture scientifique; ancien/nouveau; tradition/évolution; réaction/révolution; individu/collectivité; immanence/transcendance, etc." (p. 127-128). Bref, une inextricable complexité, qu'il aère quelque peu en précisant : "la spécificité de la culture européenne est avant tout dans la continuité et l'intensité de ses dialogiques, où aucune des instances constitutives n'écrase ou n'extermine les autres, ni même n'exerce durablement une pesante hégémonie... L'antagonisme se trouve lui-même au sein de chacun des termes de la dialogique" (p. 128). L'Europe est ainsi une *unitas multiplex*. Multiple, certes, mais une, quand même.

Depuis quelques décennies, des papes, des évêques, des laïcs aussi, ont proposé, de manière plus concrète, ce que comporte l' "héritage" européen. Établissant ce bilan, ils ont évoqué tantôt l'actif, tantôt le passif de ces "interactions" multiformes. En voici quelques exemples.

Dans un *Message au Conseil de l'Europe*, Paul VI reconnaissait les valeurs portées par l'héritage européen et disait son désir de contribuer à son rayonnement. "L'Europe, vu les faveurs dont la Providence l'a fait bénéficier, garde une responsabilité particulière pour témoigner, dans l'intérêt de tous, de valeurs essentielles comme la liberté, la justice, la dignité personnelle, la solidarité, l'amour universel". Dans le respect des divers courants de civilisation et des compétences propres de la société civile, [l'Église] vous propose son aide pour affermir et développer le patrimoine commun particulièrement riche en Europe et dont beaucoup d'éléments lui sont familiers, voire accordés". Ceci implique que ces valeurs sont suscitées aussi par d'autres voies que l'Évangile ou le message de l'Église (DC 1977, 152).

Mais cette Europe n'est pas sans tares ! "L'Europe ! ", s'exclamait aussi Paul VI devant l'ensemble des évêques d'Europe, au Symposium de 1975, "Il y a bien des façons de la considérer. A-t-on jamais pu parler de son unité ?". Et après avoir évoqué les disputes et les guerres de son histoire, le Pape concluait : "Bref, nous assistons toujours à des divisions très marquées entre les nations et à l'intérieur des nations" (DC 1975, 901).

Dans le célèbre *Appel de Saint-Jacques de Compostelle*, Jean-Paul II disait ses soucis et son espérance. L'Europe "possède des valeurs chrétiennes et humaines identiques, comme la dignité de la personne humaine, le sens profond de la justice et de la liberté, l'application au travail, l'esprit d'initiative, l'amour de la famille, le respect de la vie, la tolérance et le désir de coopération et de paix; toutes valeurs qui la caractérisent. Je porte mon regard sur l'Europe comme sur le continent qui a le plus contribué au développement du monde, aussi bien dans le domaine des idées que dans celui du travail, des sciences et des arts. Et tandis que je bénis le Seigneur de l'avoir éclairée de sa lumière évangélique depuis les débuts de la prédication apostolique, je ne peux passer sous silence l'état de crise dans lequel elle se trouve, au seuil du troisième millénaire de l'ère chrétienne". Puis, après avoir décrit cette crise de la "vie civile" et au "plan religieux", Jean-Paul II déclarait : "En ce moment me viennent à l'esprit les noms de grandes personnalités : hommes et femmes qui ont apporté splendeur et gloire à ce continent par leur talent, leurs capacités et leurs vertus. La liste en est si longue parmi les penseurs, les scientifiques, les artistes, les explorateurs, les inventeurs, les chefs d'État, les apôtres et les saints, que je ne puis l'abréger. Tous représentent un patrimoine stimulant d'exemple et de confiance. L'Europe a encore en réserve des énergies humaines incomparables, capables de la soutenir dans ce travail historique de renaissance continentale et de service de l'humanité".   Cet appel à tous accompagnait une déclaration d'espoir pour l'Europe unie, dans l'accueil des valeurs religieuses et dans l'ouverture à la présence de Jésus-Christ, mais, en même temps, "dans le respect dû à toutes ses différences, y compris celles des divers systèmes politiques" et à une vie sociale "d'après certaines affirmations de principes comme celles de la Déclaration universelle des droits de l'homme" (DC 1982, 1129-1130).

Mais il y a aussi les ombres, les ambiguïtés, les régressions même. Voici, par exemple, un extrait du discours de Jean-Paul II à la *Communauté économique européenne* à Bruxelles, le 20 mai 1985. Après avoir énuméré les rapports heureux de l'intense activité humaine qui a "modelé l'Europe" au cours de ces derniers siècles, le Pape aborde le chapitre du passif. "Cependant, l'accroissement des richesses de toute nature n'entraîne que bien peu de progrès dans l'équité. Les particularismes nationaux s'accusent, les luttes pour la prépondérance jalonnent l'histoire des puissances. Au cours de ces périodes, une certaine ivresse saisit l'homme conscient de ses capacités de progrès. L'optimisme rationaliste que lui inspirent ses conquêtes le conduit à la négation de tout idéal transcendant qui échapperait à la maîtrise de son propre génie. Divers courants de pensée, philosophiques et idéologiques, discréditent l'adhésion à la foi, et ils mènent à un soupçon sur Dieu qui rejaillit sur l'homme lui-même, en le privant d'une pleine conscience de ses raisons de vivre... La négation pratique de nombreuses valeurs spirituelles entraîne l'homme à vouloir à tout prix la satisfaction de son affectivité et à méconnaître les fondements de l'éthique. Il demande la liberté et fuit les responsabilités; il aspire à l'opulence et ne parvient pas à effacer la pauvreté à côté de lui; il professe l'égalité de tous et cède trop souvent à l'intolérance raciale. En dépit de tout ce qu'il revendique lui-même, et de tout ce qui lui est en effet accessible, l'homme contemporain est tenté par le doute sur le sens de sa vie, l'angoisse et le nihilisme" (DC 1985, 695).

En préparation au VIe Symposium des évêques d'Europe, en octobre 1985, le cardinal G. Danneels traita le thème *Evangéliser l'Europe sécularisée*. "La culture et la civilisation occidentales, dit-il, portent en leur sein un grand nombre de valeurs humaines fondamentales. Il y a celle de l'unicité de chaque homme; biologiquement, psychologiquement, sociologiquement, tout être humain est absolument unique. Il s'ensuit : la dignité de chaque homme et donc le droit au respect de la part de tous les hommes et de la société, la liberté de chacun et le droit de choisir la forme concrète de son existence, enfin l'égalité de tous les hommes qui exclut toute discrimination (religion, race, âge et sexe). Tout cela a conduit à la création d'une série d'institutions, qui composent une société chargée de promouvoir et de garantir ces valeurs. Celles-ci constituent la physionomie sociale et morale de l'Europe... Mais précisément parce que ces valeurs et ces institutions sont fondées sur une confiance en l'homme avec ses potentialités, mais aussi avec sa liberté, ce système est marqué d'une grande fragilité, d'un équilibre constamment perdu et retrouvé. Grandeur et faiblesse de la civilisation européenne" (DC 1985, 1070). Puis, tablant sur un aperçu des erreurs et des tares d'une Europe sécularisée, et après avoir évoqué ce que seule l'Église pouvait apporter, le cardinal Danneels signale, brièvement, que "ceci ne signifie pas que l'Église - dans son combat pour les valeurs - soit seule. Elle peut rejoindre d'autres forces vives pour la solution des problèmes". Reprenant ce texte dans une conférence faite à Bruxelles le 9 octobre 1986, le cardinal poursuivait : "Nous ne sommes pas seuls. Il y a beaucoup de croyants qui avec nous défendent ce patrimoine occidental et humain. Souvent même je dirais que chez des gens incroyants, laïques comme on dit, on a un respect des vertus civiles qui de temps en temps nous étonne et nous dépasse. Nous ne sommes pas toujours en première ligne pour cela" [38].

Ces bilans de la condition religieuse des européens sont établis sur la base des documents pontificaux et épiscopaux analysés en cette étude. Mais pour se faire une idée plus complète et plus adéquate des conceptions et des attitudes chrétiennes de nos contemporains, on devra aussi se référer à diverses études abordant de manière systématique les "valeurs" que l'Europe présente à nos contemporains [39].

L'Europe dans un monde pluraliste

Cette Europe, éminemment "plurielle", déjà si contrastée et si riche en valeurs diverses, se trouve affectée d'un nouveau coefficient d'ampleur mondiale, le "pluralisme intercontinental" [40]. Tous les médias jouent ici un rôle majeur. En une soirée, la plupart des Européens peuvent vivre et vibrer avec les papous en chasse, des moines bouddhistes en méditation, des musulmans chiites en effervescence, des sud-africains en contestation et des "compatriotes" discutant les bavures de leurs polices. Les voyages et les contacts personnels de la vie ou du travail complètent et nuancent ces expériences.

L'impact de semblable condition d'existence est considérable. Il en résulte que tout européen - quels que soient son origine, son pays, sa religion - est attiré par une pluralité de valeurs, façonné par une pluralité de normes, engagé dans une pluralité de références, immergé dans une pluralité de sensibilités, sollicité par des manières diverses de mener son existence et de s'organiser socialement. D'où, en chaque personne, une pluralité de repères concernant le bien et le mal, le beau et l'utile, le moi et la société, la vie privée et la vie publique, la liberté et l'autorité. Et cette pluralité polymorphe engendre normalement dans l'esprit, le coeur, la liberté et le vouloir, un embrouillamini qui tantôt surexcite tantôt paralyse celui qui ne sait plus très bien "où il en est". Cette pluralité engendre aussi en chacun une échelle des valeurs particulière et personnelle - avec les jugements, les options, les projets et les démarches qui s'ensuivent - si bien que des personnes vivant ensemble ont parfois du mal à se comprendre, même lorsqu'elles veulent mener et mènent en fait une existence droite et correcte.

Cette situation actuelle de l'Europe conduit tout naturellement à parler de "pluralisme". "Dans la société pluraliste d'aujourd'hui...", disait Paul VI au Président du Parlement européen (DC 1971, 1109). Que de fois les papes, les évêques ne signalent-ils pas, en passant, comme pour rappeler d'un mot "le lieu d'où ils parlent", cette condition de l'Europe. Et parfois, comme en antithèse, ils ajoutent que les temps de "chrétienté" sont passés. Lorsqu'on y regarde de plus près, ce "pluralisme" vise tantôt la condition "plurielle" de l'Europe, cette *unitas multiplex*, comme dit E. Morin, tantôt le "pluralisme intercontinental" provenant de la rencontre des idées, normes, valeurs, symboles, institutions de tous les continents de la planète. Et parfois s'agit-il des deux éléments.

Pour le chrétien désireux de s'engager en ce monde, actuellement, et donc de collaborer éventuellement dans le domaine politique, une question se pose, dont la réponse va inspirer son action. Ce fait actuel du "pluralisme" doit-il être considéré comme temporaire ou comme définitif ? Si semblable situation n'était que temporaire, si elle devait être rétablie dans quelques siècles, l'inconvénient qu'elle représente serait réduit d'autant. Mais en va-t-il ainsi ? Il ne semble pas, du moins pour la théologie. En voici la raison.

Dans une thèse de maîtrise en théologie, *L'Antéchrist et l'opposition au Royaume messianique dans l'Ancien et le Nouveau Testament* [41], le P. Béda Rigaux concluait que semblable opposition individuelle et collective se poursuivrait jusqu'à la fin des temps. Opposition individuelle, au coeur de la fragilité morale de tous et de chacun. Opposition collective aussi. Or, la forme la plus vive de cette opposition collective, et donc institutionnelle, n'est-ce pas telle Religion non chrétienne, ou tel État officiellement athée, par exemple ? Ne peut- on du moins estimer que de grands ensembles non chrétiens, sans être explicitement agressifs, pourraient aussi, par l'œuvre du Malin, faire obstacle à l'instauration de la Seigneurie de Jésus-Christ ici-bas ? A la dernière page de son étude, le P.B. Rigaux écrit notamment : "Pour l'époque qui va de la venue du Christ à la fin du monde, le Nouveau Testament prédit incontestablement que la persécution et la séduction contrecarreront le progrès de l'Évangile; il annonce en même temps que cette persécution et cette séduction, oeuvre de Satan et des hommes pervers, ne parviendront pas à ruiner l'édifice bâti par le Christ" (p. 408).

Le Concile du Vatican II, par la Constitution pastorale *Gaudium et spes*, 37, nous rappelle aussi qu'un "dur combat contre les puissances des ténèbres passe à travers toute l'histoire des hommes; commencé dès les origines, il durera, *le Seigneur nous l'a dit*, - nous soulignons - jusqu'au dernier jour". Le texte conciliaire renvoie à Mt 24,13; 13,24-30 et 36-43. Mais il n'y a pas seulement l'Évangile de Matthieu. Chez Luc aussi, le récit de la tentation montre Satan, maître du monde et détenant la puissance des royaumes (Lc 4,6). Les Lettres de saint Paul n'envisagent pas autrement l'hostilité de Satan à la diffusion de l'Évangile. L'œuvre du mal est la source de la tribulation eschatologique, inaugurée dès les premiers âges de l'Église. L'Apocalypse de saint Jean est aussi claire à ce sujet : porté par le langage apocalyptique, un même enseignement est répété : la lutte incessante contre l'expansion du royaume messianique et le triomphe final du Christ.

En réalité, certains faits font réfléchir. L'Islam est né après le temps de Jésus-Christ; il représente une religion autre que la religion chrétienne et souvent opposée au christianisme. D'autre part, des régimes politiques officiellement athées sont nés au cours du XXe siècle; à cet égard, l'Albanie représente une réussite quasi totale. Et rien ne permet d'assurer que de semblables phénomènes religieux ou politiques n'apparaîtront plus dans la suite, et même jusqu'à la Parousie.

Bref, il est vraisemblable, théologiquement parlant, que la situation actuelle de "pluralisme" représente une condition d'existence qui se maintiendra, sous des formes diverses sans doute, jusqu'à la fin des temps. C'est, en tout cas, en tenant compte de cette situation - et ce n'est pas un mince défi - que les chrétiens désireux d'un engagement en ce monde, et tout particulièrement d'un engagement d'ordre politique, devront "régler" leur action.

L'option théologique du "pluralisme définitif" n'est pas un dogme, et une "surprise de l'Esprit-Saint" ne peut jamais être exclue. Toutefois, cette option repose sur une base sérieuse, très défendable, et meilleure que celle qui est impliquée - souvent inconsciemment - dans l'attitude de ceux qui agissent comme si ce pluralisme allait être résorbé en quelques décennies ou quelques siècles. Or, on entend parfois, au cours des conversations ou discussions, affirmer que l'Europe "ne réalisera son unification que si elle (re)devient chrétienne", ou encore que "l'Europe unie ne se maintiendra que si elle demeure chrétienne". Sans être aussi claires, certaines déclarations font naître en l'esprit des auditeurs une impression de cette nature.

La première affirmation peut être un souhait. Mais les européens tels qu'ils existent actuellement vivent plutôt, et même certainement, une situation de "pluralisme". Et l'on peut donc raisonnablement estimer que l'Europe, qui avance sur le chemin de l'unification, sera vraisemblablement, et même quasi nécessairement, "pluraliste". Les facteurs de ce pluralisme mondial (médias, voyages, communications, etc.) sont d'ailleurs de plus en plus performants.

La deuxième affirmation, relative au maintien d'une région chrétienne ou d'une civilisation chrétienne, parce que telles, ne respecte pas l'histoire. Ainsi, l'Afrique du Nord fut chrétienne à une certaine époque de l'antiquité. Elle ne l'est plus aujourd'hui. Le cardinal G. Danneels le rappelait d'ailleurs lors d'une conférence à

Bruxelles (ci-dessus, n. 38) : "Il est dit que l'Église existera jusqu'au retour du Seigneur : il n'est pas dit l'Église 'européenne' ... L'Afrique du Nord a été totalement chrétienne : les chrétiens, il faut maintenant les chercher à la loupe !".

Quoi qu'il en soit, des affirmations semblables ou des considérations de cet ordre exigent une prudence stricte et, en tout cas, des justifications fondées.

2. L'"HÉRITAGE" : RACINES, MODERNITÉ, IDENTITÉ

L'"héritage" européen est pluriel, et complexe. Les racines anciennes, ainsi que l'apport des Lumières et de la modernité, avec leurs bienfaits et leurs écueils propres, sont à prendre en compte, tandis que leurs interactions paraissent délicates à formuler [42].

Les "racines" et la "modernité"

En 1986, un colloque était organisé à Rome (21-23 avril) par l'Institut polonais de culture chrétienne sur le thème *L'héritage chrétien de la culture européenne dans la conscience des contemporains* [43]. Dès le deuxième rapport, *L'Europe héritière de l'Occident chrétien*, le professeur N. Lobkowicz expliquait que la civilisation européenne, à l'origine, "est alimentée par trois racines : la pensée grecque, les institutions romaines et la religion judéo-chrétienne" (p. 36-43); et il faisait observer que, plus tard, "viennent s'y ajouter des éléments culturels provenant de peuples évangélisés tels les Celtes, les Anglo-Saxons, les Germains, les Slaves" (p. 36).

Un exposé systématique de l'héritage européen a été proposé il y dix ans, le 29 avril 1979, par le cardinal J. Ratzinger, alors archevêque de Munich, au cours d'une session organisée par l'Académie catholique de Bavière sur le thème "L'Europe et les chrétiens" [44]. Abordant l'examen des diverses composantes de l'idée d'Europe, il distingue : 1. L'héritage grec; 2. L'héritage chrétien; 3. L'héritage latin; 4. L'héritage des temps modernes.

L'héritage grec (p. 47-48). - L'Europe désigne dès l'antiquité une des trois grandes aires géographiques et culturelles qui touchent la Méditerranée. Elle est "d'abord définie par l'esprit grec. Si réellement elle oubliait cet héritage grec, l'Europe ne serait plus elle-même". S'y ajoute la découverte de la démocratie - "malgré toutes les différences avec ce qu'on entend aujourd'hui par là" - laquelle est, "comme l'a montré Platon, fondamentalement liée à l'eunomie, au règne d'un droit juste".

L'héritage chrétien (p. 48-49). - Cette deuxième stratification, "cette deuxième couche se comprend à travers l'épisode connu d'*Actes* 16, 6-10". Il s'agit de la vision de saint Paul dans laquelle un Macédonien appelle l'apôtre à passer en Macédoine. Sur la "rencontre" entre le message chrétien et la pensée grecque, J. Ratzinger s'avance de manière décidée. Leur synthèse fonde l'Europe, dit-il. "L'essai tenté par la Renaissance d'obtenir par distillation ce qui est grec, en éliminant ce qui est chrétien et de constituer de nouveau une grécité pure, est sans espoir et tout aussi déraisonnable que l'essai plus récent d'un christianisme déshellénisé. L'Europe au sens précis résulte, à mon avis, de cette synthèse et repose sur elle".

L'héritage latin (p. 49). - Il y a lieu, ici, de tenir compte de l'histoire des variations du champ sémantique du mot Europe. "On n'a pas identifié l'Imperium Sacrum du Haut Moyen âge et l'Europe. Le mot Europe désignait une aire plus vaste que celle du Saint Empire, qui se considérait comme la forme chrétienne de l'Empire Romain. Mais l'Europe correspondait dès lors à l'Occident et à la sphère d'influence de la civilisation romaine et de l'Église, cette aire latine englobant non seulement les peuples romans, mais aussi les peuples germaniques, anglo-saxons et une partie des peuples slaves, notamment le peuple polonais".

L'héritage des temps modernes (p. 50-51). - Sur ce point, l'exposé est très éclairant. "Comme quatrième couche constitutive de l'Europe, il faut mentionner l'apport qui a été fourni par l'esprit des temps modernes et auquel on ne saurait renoncer. A la vérité, par là est rendue perceptible, de la façon la plus révélatrice, l'ambiguïté propre aux différentes couches. Mais cela ne doit nullement entraîner un rejet de la modernité, comme cela a été le cas au XIXe siècle avec le médiévisme romantique et aussi dans l'entre-deux-guerres comme tentation propre au catholicisme". La position est ferme. Et voici comment est présentée cette modernité, avec sa caractéristique positive, ses risques et la façon de les éviter.

Tout d'abord, "une caractéristique positive de la modernité est, à mon avis, le fait que la séparation entre Foi et Loi, qui était occultée dans la Respublica christiana du Moyen âge, est maintenant effectuée de façon conséquente. Ainsi la liberté de la foi, par distanciation par rapport à l'ordre juridique bourgeois, prend progressivement forme et les exigences internes de la foi sont distinguées des affirmations fondamentales d'ordre éthique, sur lesquelles repose le droit. Les valeurs humaines fondamentales selon une optique chrétienne rendent possible, dans un dialogue fécond entre Église et État, la société humaniste libre, dans laquelle les droits de la conscience et, avec eux, les droits fondamentaux de l'homme sont garantis. Dans cette société, diverses formes de la foi chrétienne peuvent coexister et donner lieu à des positions politiques diverses, qui cependant ont en commun une échelle de valeurs, dont la force contraignante est en même temps la garantie d'un maximum de liberté".

Cette caractéristique essentielle de la modernité peut être interprétée de manière erronée, comme "une raison devenue complètement autonome, qui ne reconnaît rien d'autre qu'elle-même; par là, elle est devenue aveugle et, en détruisant son fondement, devient inhumaine et hostile à la créativité. Cette forme d'autonomie de la raison est à considérer, il est vrai, comme un produit de l'esprit européen, mais en même temps, vu sa nature, comme post-européenne, voire anti-européenne, car elle détruit, à partir de l'intérieur, ce qui est non seulement constitutif pour l'Europe mais même condition préalable d'une société vraiment humaine". Suit alors la rectification à opérer dans l'ouverture et le discernement : "... il faut emprunter à la modernité, comme dimension fondamentale - et à laquelle on ne peut renoncer - de ce qui est européen : la relative séparation entre Église et État, la liberté de conscience, les droits de l'homme et la responsabilité de la raison". Mais en même temps, "il faut réagir contre son absolutisation, il faut continuer à fonder la raison sur le respect de Dieu et des valeurs éthiques fondamentales qui viennent du christianisme".

Récemment encore, en mai 1989, au cours d'une rencontre des présidents des Conférences des épiscopats européens à Vienne, Mgr P. Eyt est intervenu sur le thème Europe, et, à propos des relations entre les racines chrétiennes et la philosophie du XVIIIe siècle précisément, il a invité à l'ouverture et au discernement.

"La question, précisait-il, est de faire converger ces deux traditions, dont l'une est plus ancienne. La tradition de la philosophie des Lumières doit être prise en compte par ceux qui se réclament de la tradition chrétienne bimillénaire, et c'est peut-être l'une des tâches des Français d'approfondir ces rapports. On ne peut pas restreindre les racines de l'Europe à la tradition chrétienne puisque celle-ci a été très fortement renouvelée et transformée par l'esprit moderne, mais on ne peut pas non plus sans de très gros risques, penser l'avenir comme une rupture totale avec cette tradition" [45].

Chacune des quatre composantes de l'"héritage européen" peut être appelée "racine". Si l'on donne une nuance d'ancienneté historique au terme "racine", on parlera sans doute de trois racines et de l'apport de la modernité. Si le vocable "racine" évoque une donnée qui est à la base, au fondement, à la source d'une culture ou d'une civilisation, on présentera alors les quatre "racines" de l'héritage européen.

Héritage européen et identité européenne

Racines, héritage, et donc aussi "identité" européenne. «Il faut établir, retrouver son identité européenne». *Établir* l'identité européenne en opérant une conjonction, une modeste "synthèse" des quatre composantes signalées plus haut constitue déjà un enjeu délicat. Car ces composantes ont chacune une "consistance" propre, un "impact" propre et, surtout, une "valeur" propre (valeur dont la détermination dépendra de l'échelle des valeurs de qui élabore la synthèse). *Retrouver* l'identité européenne, c'est inviter à retourner à telle ou telle époque où "cette" identité européenne aura été "mieux" ou "bien" comprise, vécue, défendue... et ce, dans l'aire géographique européenne, éventuellement du Portugal à l'Oural. Quelques positions requièrent qu'on s'y arrête, pour le fond et pour l'expression, en vue d'un prudent discernement.

a. Ainsi, lorsque les chrétiens reconnaissent et décrivent les "potentialités humaines" en oeuvre en Europe, celles-ci sont présentées dans leur "connexion" avec les valeurs reprises du message chrétien. Mais cette connexion est-elle formulée avec les nuances qui conviennent, équitablement ? Les valeurs "humaines" - raison, liberté, culture, vie sociale, etc. - se trouvent certes en Europe en connexion avec ce que pensent et vivent les disciples du Christ. Et ceux-ci estiment que, de ce fait, ces valeurs "humaines" sont souvent mieux orientées, "modelées", affinées, préservées, propagées, etc., d'après les situations et les temps. Mais cet apport heureux est-il suffisamment étudié et analysé ? Est-il suffisamment soumis à une juste évaluation ? L'exposé ne donne-t-il pas au lecteur l'impression que ces valeurs humaines sont plus ou moins "intégrées" dans le message chrétien, "attribuées" à celui-ci, "absorbées" en lui ? Et en retire-t-on une vue exacte de ce que ces valeurs humaines possèdent en propre en consistance, en densité, en originalité ? Or, cette consistance, cette densité, cette originalité, même lorsqu'elles sont en harmonie avec le message chrétien, sont en elles-mêmes animées et promues par le dynamisme du Seigneur ressuscité et de son Esprit, ainsi qu'il sera expliqué plus loin. Ce questionnement est particulièrement accusé, là où un discours ou un écrit annonce : "seule l'Église est en mesure de ...". Il est exact que seule une religion, seule l'Église sont en mesure d'assurer tel ou tel apport : mais cet apport est-il adéquatement précisé et défini ? Et est-il proposé avec la modestie qui sied lorsque l'on tient compte de certaines ombres de l'histoire du christianisme, ombres sur lesquelles les non-chrétiens sont mieux renseignés que nous ?

Un exemple. Sous le titre "L'Europe selon Jean-Paul II", un mensuel chrétien (nov. 1988) résume la pensée du Pape sur le sujet. Après avoir rappelé que l'Europe de Jean-Paul II s'étend de l'Atlantique à l'Oural, l'auteur de l'article poursuit : "Bien avant que des peuples aussi différents que les Latins, les Germains, les Celtes, les Saxons, les Slaves naissent comme nations, et, à plus forte raison, comme États, ils avaient en commun un héritage qui les façonnait et faisait naître cette civilisation qu'est précisément la civilisation européenne. Cet héritage, c'est le christianisme que l'apôtre Paul, quelques décennies après la mort du Christ, avait déposé en Macédoine, sur la côte Nord de la Grèce. Un christianisme qui a pris des formes différentes selon qu'à l'Ouest il s'est développé sous l'égide de Rome et à l'Est sous celle de Byzance". Le pape Jean-Paul II, s'il insiste volontiers sur l'importance du message chrétien dans la formation de la culture des pays européens, n'oublie cependant pas les autres facteurs - rationnels, institutionnels, religieux - qui ont pour leur part contribué à cette culture dans les pays du Conseil de l'Europe. Dans l'*Appel de Saint-Jacques de Compostelle*, il explique que l'Europe possède un ensemble de "valeurs chrétiennes *et* humaines" et rappelle que Saint Benoît "a su allier la romanité et l'Évangile, le sens de l'universalité et du droit à la valeur de Dieu et de la personne humaine" (DC 1982,1129-1130).

Certes, durant plusieurs siècles, l'héritage de la sagesse philosophique grecque et celui du génie institutionnel romain, avec les chefs-d'oeuvre littéraires de ces deux sources prestigieuses, a été sauvé, sauvegardé, étudié, propagé par les moines et des écoles d'origine ecclésiastique. Mais ce n'est pas le "christianisme de l'Apôtre Paul" qui a imaginé, conçu, donné naissance et nourri Platon, Aristote, les jurisconsultes de Rome ou Cicéron [46].

b. Autre thème de réflexion : se rappeler son passé, et lui être fidèle. - Pour porter remède à la "crise" actuelle que connaît l'Europe, il est fait appel aux personnes et même aux peuples, pour qu'ils retrouvent leurs origines, leurs racines, les engagements de leur baptême. Mais quelles images évoquent en nos esprits de semblables interpellations ? Et à quel type de fidélité pensons-nous ? Est-ce la reproduction "photographique" d'un souvenir "d'époque" ? Ou est-ce l'entrée dynamique au coeur d'une tradition vivante ? Bref, cette fidélité est-elle liée à une vision a-historique du passé, ou est-elle douée d'historicité et conçue comme ferment d'histoire ? En effet. S'il s'agit de fidélité "ecclésiale", on sait que la doctrine et l'institution sont régies par une loi de permanence "vitale" et de "déploiement" homogène. Le message du Christ, certes, est "la parole définitive sur l'homme"; mais "au sein de l'histoire, l'exposé du message ne peut être définitivement achevé; il ne peut être enclos une fois pour toutes dans aucune forme culturelle ou historique" [47]. Quant à l'institution ecclésiale, les Histoires de l'Église montrent que cette Église, toujours et indéfectiblement Corps du Christ et Temple de l'Esprit, a néanmoins connu, au cours des siècles, des métamorphoses étonnantes et des configurations historiques d'une grande diversité. Par ailleurs s'agit-il du "monde" ou du "siècle", ici encore les Histoires de la pensée et celles des peuples fourmillent de récits contrastés : développements, régressions, renouveaux, crises, en un devenir tumultueux, au cœur duquel les gens, leurs mobiles et leurs comportements, apparaissent à la fois si divers et si semblables "à eux-mêmes". Bref, la présence des chrétiens et de la communauté ecclésiale dans la société ne peut être qu'une "rencontre", un "lieu mobile" d'interactions et de dialogue, avec ses moments d'osmose, ses heures d'accueil ou de rejet, et ce, au cours d'une marche inlassable, vers l'à-venir. Le dynamisme de cette "tension eschatologique" est à maintenir en toutes les démarches de la "rencontre multiforme christianisme-société" qui est décrite au chap. III, 3.

Dans cette même ligne, on peut déjà signaler un élément ambigu de fidélité à l'héritage européen, que transmettent les exposés relatifs à la "civilisation chrétienne", à la "société chrétienne" au cours des temps modernes, même à l'époque des Lumières et jusqu'au XIXe siècle [48]. Quel type de relation Église-Société civile évoque-t-on ainsi ? Un exemple : précepteur du dauphin vers les années 1680, Bossuet composa à l'intention de celui-ci des leçons qui furent complétées et publiées plus tard, en 1709, sous le titre *Politique tirée des propres paroles de l'Écriture sainte*, pour défendre au nom de la révélation la monarchie chrétienne et absolue contre les idées subversives et même laïques du temps. L'apologétique du XVIIIe siècle développait volontiers le thème de la "société chrétienne" et de la religion comme source et garantie du "lien social", ainsi qu'on peut le voir en résumé dans le *Dictionnaire de théologie* de Bergier, à l'article "Société". Dans son étude sur la question, après avoir rappelé le *Volkgeist* développé par Herder dans ses *Ideen zur Philosophie der Geschichte der Menschheit* (1784-1791), M.B. Plongeron poursuit : "Du fait que ce *Volkgeist* est simple, merveilleux, inexplicable, indicible, ne prépare-t-il pas à l'envoûtement magique dont s'entoure le mythe romantique d'une Europe néo-chrétienne et fervente à travers le *Die Christenheit oder Europa* (1799) d'un Novalis, attentif aux leçons de Spittler, son maître en histoire des religions, à travers aussi le *Génie du christianisme* (1801) d'un Chateaubriand, voire du rêve carolingien du libéral anti-romantique et athée, Saint-Simon : *De la réorganisation de la société européenne* (1814), sans parler des théocrates (Bonald et Joseph de Maistre) ... Politologues et sociologues de la religion n'ont pas fini de dégager les rémanences du rêve de chrétienté et de ses conséquences sur la société moderne" (p. 100). Quelque chose de cette vision se retrouve dans l'ecclésiologie et dans l'histoire du christianisme jusqu'au début du XXe siècle.

Aujourd'hui, une donnée de cette évolution doctrinale est particulièrement délicate à déterminer : que requiert la fidélité à la doctrine "chrétienne" sur la relation Église-État ? Quelle "concorde" ? Quelle "séparation" ? Il en sera question à la fin de cette étude à propos de la "laïcité ouverte".

c. Troisième thème à relever : l'Europe "sécularisée". Lorsqu'il est question de cette Europe sécularisée, les descriptions en demeurent généralement aux seuls effets néfastes de la sécularisation, bref, au sécularisme. Or, les conséquences de la sécularisation sont diverses, la sécularisation est "ambivalente" [49].

Considérée dans ses effets dans la Société, écrit F.A. Isambert, la sécularisation représente d'abord un recul des Religions. Une civilisation imprégnée de l'esprit des Lumières, dominée par la science et la technologie, semble peu compatible, peu en harmonie, avec tout ce qu'évoque une "religion", quelle qu'elle soit. Ce processus de sécularisation revêt de nombreuses formes et connaît des poussées variées, d'après le genre de modernité qui fermente en telle ou telle région, et aussi d'après le genre de religion affectée par le changement.

Mais, pour la Société, la sécularisation signifie aussi une reconnaissance de droit et de fait de l'autonomie des réalités séculières, à savoir la raison, la liberté, la science, la vie politique, la technique, l'éthique. Auparavant, tous ces domaines ont été, sous diverses formes, affectés d'un coefficient religieux : révélation divine, tutelle des Églises, autorités religieuses, savoir théologique. Depuis l'époque des Lumières, de nombreux facteurs ont accompagné ou animé cette "émergence" progressive - et parfois même une "libération" légitime - de la raison, de la liberté, de la science, de l'État.

Abordant la question de la culture face à l'incroyance, le pape Paul VI reconnaissait cette ambivalence : "Nous voulons également prendre acte que souvent cette forme areligieuse, répandue aujourd'hui, qui se définit comme sécularisation, n'est pas en elle-même antireligieuse, mais tend à réclamer pour les forces autonomes de la raison humaine la connaissance et l'utilisation du monde offertes à l'expérience directe de l'homme" (DC 1969,358). Au VIème Symposium des Évêques d'Europe (7-11 octobre 1985), le thème de la sécularisation a été régulièrement rencontré. Il a été analysé dans le Rapport du P.J. Schasching sur les travaux des sessions préparatoires, où il est noté que, à cause du "caractère vague du concept de sécularisation", plusieurs sessions régionales ont préféré parler d'un "changement structurel de la relation entre religion et société" (DC 1985,1065). Dans la Synthèse finale, le cardinal B. Hume a fait allusion à ce "phénomène complexe" que nous appelons "sécularisation", "laïcisation", "rationalisme positif" ou "modernité" (DC 1985,1079). Et le Pape Jean-Paul II, en conclusion du Symposium, résumait clairement les débats du moment : "Dans votre réflexion, vous avez commencé par examiner cette réalité typiquement occidentale que l'on a coutume de définir par le concept de 'sécularisation'. Une analyse approfondie a fait ressortir l'ambiguïté et même le caractère équivoque du terme, tellement polysémique, imprécis et élastique qu'il recouvre des phénomènes multiples et même opposés, de sorte qu'il semble nécessaire d'opérer une décantation sémantique et de clarifier le contenu de ce phénomène" (DC 1985,1084). Toutefois, il faut reconnaître que les documents ecclésiastiques étudiés ici situent le plus généralement la sécularisation dans un contexte de laïcisme, d'irréligion, d'athéisme, d'indifférentisme.

d. Un dernier thème à examiner : la déchristianisation [50]. Qu'entend-on exactement par "rechristianiser" l'Europe, une Europe qui doit "redevenir chrétienne" ?

Sans remonter à J. Maritain, qui distinguait un christianisme "figuratif", "apparent", "décoratif" de ce qui est "essentiellement" et "réellement" chrétien [51], voici deux estimations plus proches de nous.

Dans *Foi chrétienne hier et aujourd'hui* [52], J. Ratzinger écrit, en passant : "Peut-être éprouverons-nous, chrétiens d'aujourd'hui, de l'envie, en entendant faire l'éloge des gens du Moyen Age, qui paraissaient tous d'excellents croyants. Il sera bon alors de jeter un coup d'oeil dans les coulisses, à la lumière de la recherche historique actuelle. Nous verrons alors, à cette époque déjà, que la grande masse ne faisaient que suivre en troupeau, et que le nombre de ceux qui étaient véritablement entrés dans le mouvement profond de la foi se réduisait à très peu. Nous verrons que pour beaucoup la foi était un ensemble de formes de vie, données au départ, plus propre à cacher l'aventure exaltante de la foi, qu'à la découvrir à leurs yeux". L'appréciation est sévère, car cette peu consistante référence au christianisme a pu apporter à ces gens un appoint non négligeable pour la signification de leur existence et l'obtention du salut. Mais J. Ratzinger poursuit, et nous explique pourquoi il en était ainsi au Moyen Age. "C'est qu'un abîme infini sépare Dieu de l'homme; de par sa nature, l'homme ne peut apercevoir que ce qui n'est pas Dieu ... [l'homme] est l'être qui voit, l'être dont l'espace vital semble défini par l'espace même de sa vue et de son toucher. Or, Dieu ne paraît pas et ne paraîtra jamais dans cet espace, quelque dimension que prenne ce dernier" (p. 15).

Plus près de nous encore, voici ce que disait le cardinal Lustiger en répondant à la conférence de Mgr Runcie, archevêque anglican de Canterbury, lors de sa visite en France en décembre 1984. "... jamais la France n'a été totalement évangélisée en profondeur. L'histoire de notre pays est faite d'évangélisations et de réévangélisations successives où se sont manifestés des courants spirituels et des personnalités extraordinaires. Il n'y a pas eu de christianisation immémoriale. Peu de Français se souviennent aujourd'hui que les régions réputées traditionnellement chrétiennes ne le sont que depuis trois ou quatre siècles, et parfois moins" (DC 1985, 120).

En réalité, le vocable "déchristianisation" est ambigu. H. Desroche, dans l'Encyclopaedia universalis [53] propose un certain classement en cinq points, qui permet de débrouiller quelque peu la polysémie de ce concept. Ces cinq significations majeures du phénomène sont les suivantes, explique-t-il. -1. La "récession de la pratique religieuse", fixée à partir de la sociographie des comportements religieux considérés dans les diverses Églises chrétiennes. -2. La "décléricalisation", ou toutes les formes de récession de l'emprise du clergé sur la vie et la pratique chrétienne. -3. La "déconfessionnalisation", ou le recul, la récession du contrôle confessionnel sur la vie socio-politique des chrétiens. -4. La "désacralisation", à savoir l'effacement du sacré dans de multiples gestes, rôles ou actions qui étaient accompagnés naguère d'une ambiance sacrée, de "mystère". -5. La "désaxiologisation", ou le recul des valeurs, normes, modèles du christianisme dans la vie, dans la pensée, dans les coutumes.

Mais il y a "ambivalence". Concernant les signes majeurs de la déchristianisation, H. Desroche lui-même pose quelques questions significatives. A propos de la "récession de la pratique religieuse", dit-il, "est-ce une vie sociale qui cesse d'être religieuse pour être indifférente, ou bien est-ce une vie religieuse qui, cessant d'être un conformisme social, s'ouvre à la possibilité de devenir une conviction personnelle ?". - Concernant la "décléricalisation", il ajoute : "Là aussi, selon les diagnostics, le processus peut être interprété tantôt dans le sens d'une déchristianisation pure et simple, ... et tantôt au contraire comme l'appel d'un christianisme mal formé à un christianisme mieux formé". - Il en va de même pour la "déconfessionnalisation". Celle-ci sera considérée "par les uns comme un démantèlement de l'efficacité chrétienne, une désaffection pour les appareils à travers lesquels le christianisme exerçait son règne, un dépérissement de la religion du Christ-Roi. D'autres, au contraire, voient dans cette redistribution - y compris dans ses intentions déconfessionnalisantes - les prodromes d'un oecuménisme de l'action et de la vie, terrain et terreau dans lequel le grain chrétien devrait dépérir et disparaître pour porter du fruit". - Et enfin, à propos de la "désacralisation" : "Si le christianisme, étymologiquement, est la religion du Messie, annonciateur d'une ère messianique, on n'en finirait pas de dénombrer les phénomènes humains et sociaux de l'histoire humaine et contemporaine qui manifestent cette sacralisation de l'histoire humaine" : à savoir, une sorte de transfert du sacré à tous les reflets terrestres du Royaume de Dieu. H. Desroche aurait pu ajouter, concernant la "désaxiologisation", que celle-ci, certes, déboussole de nombreux chrétiens, mais permet aussi à des générations plus critiques de faire le départ entre ce qui appartient réellement au message chrétien et ce qui est d'un autre ordre.

3. L' "AME" DE L'EUROPE ET LE MODELE "DEMOCRATIE"

Certaines images colorent quelque peu le vocabulaire des discours sur l'Europe unie : ainsi héritage, racines, âme ... Pour chacune d'entre elles, on a avantage à préciser trois points : a) quel est le contenu concret donné par le contexte; b) qu'est-ce ce qui est attribué à l'Église ou à l'Évangile dans ce contenu; c) qu'est-ce qui est présenté comme venant des potentialités humaines à ce propos ?

L'"âme" de l'Europe

Nous en arrivons ici à la plus percutante : l'"âme" de l'Europe. Car il existe un "héritage" chrétien sur ce point aussi. Il est résumé par le P.G. Martelet [54]. "Le Moyen Age occidental, de Hugues de Saint-Victor à Cajetan, en passant par saint Thomas lui-même, a toujours accepté de réfléchir sur les rapports du spirituel en regard du temporel à partir des rapports de l'âme et du corps : il en a invariablement conclu à la dépendance du temporel en regard du spirituel. Pour établir une juste conception des choses, le cardinal Humbert rappelle que *"sacerdotium* in praesenti Ecclesia assimilari *animae, regnum* autem *corpori".* D'où il conclut : "Sicut praeeminet anima et *praecipit* corpori, sic sacerdotalis dignitas regali, ut puta coelestis terrestri". Les théocrates du XIVe siècle ne feront que développer sur le plan théologico-politique les conséquences qu'une expression aussi anthropomorphique de l'hégémonie de l'âme sur le corps rendait plausible. Ainsi Gilles de Rome n'hésitera pas à parler d'un *jus* de l'âme sur le corps et d'un *debitum* du corps envers l'âme". Comment pareille lecture symbolique du composé humain n'aurait-elle pas renforcé ce que l'époque véhiculait déjà de tentation théocratique ou du moins cléricale, souligne le P. Martelet (p. 528).

Mais comment est décrite aujourd'hui cette *"âme" de l'Europe ?*

Il en est question dans la Conférence déjà citée de Mgr Benelli (DC 1977, 1038-1042). "L'âme donne au corps sa vitalité", dit-il. "Ni les structures économiques ni les structures politiques ne pourront constituer *à elles seules* - nous soulignons - les traits essentiels de la physionomie de l'Europe". Or, ce sont les valeurs "spirituelles et morales" qui doivent obtenir la "priorité". Quelles instances assurent ce contenu à l'identité européenne ? "Le christianisme est indiscutablement, avec des éléments judaïques, helléniques et latins, et des contributions d'autres nations du continent, *un facteur* - nous soulignons - essentiel, déterminant, de la manière d'être des Européens". Certes, "ni l'Europe ni le christianisme ne possèdent ou revendiquent le monopole des valeurs, mais il est indéniable que leur conjonction sous l'inspiration chrétienne et sous la force unifiante de la foi chrétienne a donné à l'Europe son caractère propre et spécifique, et aux Européens une base de leur identité". "Je me demande même s'il est vraiment téméraire d'affirmer que c'est justement dans l'affaiblissement des valeurs chrétiennes *faisant partie* - nous soulignons - de l'héritage commun des peuples européens qu'il faut voir *l'une des causes* - nous soulignons - de la fatigue, de la lenteur avec laquelle procède le mouvement vers l'unité européenne".

Ces instances ?   "L'Église catholique ... ne s'arroge ni n'a aucunement l'intention de s'arroger une hégémonie dans l'action en faveur de l'édification d'une Europe plus unie. Il appartient à toutes les Églises chrétiennes, quelle que soit leur dénomination, d'apporter leur contribution ... Au surplus, ... les chrétiens se savent solidaires également des hommes et des femmes qui, sans partager leurs convictions religieuses, se sentent pourtant interpellés par les mêmes problèmes et croient dans la valeur irremplaçable de l'homme, dans sa responsabilité envers les autres, etc...".

Paul VI, dans l'*Allocution au IIIe Symposium des évêques d'Europe* (octobre 1975), entreprend de "réveiller l'âme chrétienne de l'Europe où s'enracine son unité" : qu'est-ce à dire ? (DC 1975, 901-903).

Paul VI précise clairement ce que la foi ne fait pas. "Nous ne sommes pas, nous évêques, les artisans de l'unité au plan temporel, au plan politique. La foi, dont nous sommes serviteurs, n'est pas un élément politique... L'unité qu'elle cherche... c'est le concert où les bonnes volontés harmonisent leurs efforts dans le respect des conceptions politiques diverses ... Voilà ce qu'on pourrait appeler l'âme de la civilisation".

L'âme, c'est comme un "levain". En effet, dit le Pape, "ce que l'âme est dans le corps, les chrétiens le sont dans l'Europe". On n'en conclura pas, même après ce passage, que l'âme désigne ici la "forme" du corps qu'est l'Europe, au sens de la scolastique médiévale. Ce qui est expliqué, c'est le "levain" au sens de l'Épître à Diognète. "Voilà ce qui doit avant tout nous préoccuper, nous évêques : l'épanouissement du levain évangélique dans l'unité de la foi, dans tous ces pays d'Europe... Car notre unité à nous chrétiens, à nous pasteurs, elle existe déjà ... Nous devons lui donner une expression, la célébrer, l'épanouir en charité, dans cette charité qui vient de la foi. C'est par ce chemin spirituel que l'Europe doit retrouver le secret de son identité, de son dynamisme".

A un certain moment, cependant, la nécessité et l'importance du rôle de l'Église sont très accentuées. Plus profondément que les progrès techniques, économiques, commerciaux, culturels, politiques, "on rêve à nouveau d'une unité spirituelle qui donne sens et dynamisme à tous ces efforts, qui restitue aux hommes la signification de leur existence personnelle et collective ... Seule la civilisation chrétienne dont est née l'Europe, peut sauver ce continent du vide qu'il éprouve, lui permettant de maîtriser humainement le 'progrès' technique dont elle a donné le goût au monde, de retrouver son identité spirituelle ... C'est bien là l'originalité, la chance, la vocation de l'Europe, moyennant la foi".

Jean-Paul II, dans l'*Appel de Saint-Jacques de Compostelle* (novembre 1982), reprend le même thème. Il y a une "âme de l'Europe" (DC 1982, 1128-1130).

"L'identité européenne est incompréhensible sans le christianisme, dit-il, et c'est précisément en lui que se trouvent ses racines communes qui ont permis la maturation de la civilisation d'un continent, de sa culture, de son dynamisme, de son esprit d'entreprise, de sa capacité d'expansion constructive, y compris dans les autres continents; en un mot, tout ce qui constitue sa gloire. Et de nos jours encore, l'âme de l'Europe reste unie car, en plus de son origine commune, elle possède des valeurs chrétiennes et humaines identiques, comme la dignité de la personne humaine, le sens profond de la justice et de la liberté, l'application au travail, le respect de la vie, la tolérance et le désir de coopération et de paix, toutes valeurs qui la caractérisent".

Alors, poursuit le Pape, "Reconstruis ton unité spirituelle, dans un climat de plein respect des autres religions et des libertés authentiques". Et comment envisager cette unité ? L'Europe est une, et elle peut l'être, explique le Pape. Elle peut l'être "dans le respect dû à toutes ses différences, y compris celles des divers systèmes politiques". Elle peut l'être "si elle se remet à penser dans la vie sociale avec la vigueur contenue dans certaines affirmations de principes comme celles de la Déclaration universelle des droits de l'homme". Elle peut l'être "si elle recommence à agir, dans la vie la plus spécifiquement religieuse, avec la connaissance et le respect dûs à Dieu". Elle peut l'être enfin, "si elle ouvre de nouveau les portes au Christ et n'a pas peur d'ouvrir à sa puissance de salut les frontières des États, les systèmes économiques et politiques, les vastes domaines de la culture, de la civilisation et du développement".

Ouvrir ? Certains l'interpréteront : la seigneurie publique du Seigneur sur l'ensemble du temporel. D'autres : la liberté civile et sociale en matière religieuse, permettant aux religions d'exercer leur culte et leur mission.

Ces illustrations de ce que les discours et écrits entendent par "âme" de l'Europe appellent au moins une mise en garde. Car, même lorsqu'il est dit que les chrétiens et le christianisme sont à l'Europe ce que l'âme est au corps, jamais il n'est question aujourd'hui d'attribuer à l'Église, à la foi, ce que la philosophie scolastique reconnaît à l'âme humaine lorsqu'elle est dite "forme" du corps. Si l'on appliquait ici le vieux principe métaphysique "dans formam, dat etiam consequentia ad formam", on en arriverait même à dire que le christianisme donne à l'Europe sa substance, sa consistance, sa vérité foncière [55].

Le modèle "démocratie"

Pour lever toute équivoque sur le sens à donner à l'expression "âme" de l'Europe, rappelons que le modèle envisagé pour cette Europe est la *"démocratie"*.

On a souvent cité le Message de Pie XII à l'occasion de la Noël de 1944 : le Pape déclarait que la démocratie est un "système de gouvernement plus compatible avec la dignité et la liberté des citoyens", tout en précisant bien, au moment opportun, que cet État démocratique peut être "monarchique ou républicain" (Début de la IIe partie de ce Message). Dans les discours ou écrits sur l'avenir de l'Europe, l'idée de la démocratie est maintes fois évoquée, sans commentaires, comme allant de soi.

Au *Forum européen des Comités nationaux d'apostolat des laïcs*, en juillet 1978, il était déclaré, à propos des responsabilités des "chrétiens d'Europe", que "ayant foi en Dieu, créateur et amour, ils reconnaissent toute l'importance des valeurs fondamentales : liberté, justice, droits de l'homme, démocratie, ..." (DC 1978, 895). En mai 1979, dans une "Déclaration des chrétiens non-catholiques à l'occasion des élections européennes", on peut lire que "la situation nouvelle exige que l'on reconnaisse à l'Europe d'être à l'avenir une société ouverte et pluriforme". En effet : "Les pays de la communauté ont en commun un système d'institutions démocratiques. Mais en même temps ils font aussi, de manière croissante, l'expérience de leur vulnérabilité et de leurs limites... Si l'on veut surmonter le caractère élitiste et technocratique de la Communauté européenne, il est important que le Parlement européen crée le plus d'occasions possibles aux mouvements et associations populaires de toutes sortes de participer aux processus de prise de décision" (DC 1979, 537). Et à la même époque, l'évêque de Strasbourg, Mgr Elchinger, qui intervint à divers moments en faveur de l'Europe, profitait d'une homélie au mont Sainte-Odile pour nous prévenir : "Nous voulons unir les pays d'Europe pour développer la démocratie et défendre les droits de l'homme. C'est très juste. Mais la démocratie ne signifie pas la même chose pour les uns et pour les autres" (DC 1979, 686).

En novembre 1983, le Pape Jean-Paul II s'exprima sur ce sujet de manière particulièrement vigoureuse. D'abord, dans un *Discours à des parlementaires* pèlerins de l'Année sainte. Après avoir évoqué le patrimoine de l'Europe, le Pape poursuivit : "Le sens de l'authentique démocratie auquel vous êtes attachés fait partie de ce patrimoine. Vous avez raison de promouvoir les voies de la démocratie, d'être soucieux d'une participation correcte des citoyens à la vie de la communauté politique, tout en maintenant la nécessité d'une autorité publique suffisamment forte" (DC 1984, 6). Ensuite, dans une Allocution intitulée "Pour la promotion de la démocratie en Europe" adressée aux Présidents des Parlements de la Communauté européenne. Il s'agissait des Parlements nationaux de dix pays. "Avec des variantes qui tiennent à leur histoire, dit le Pape, ces pays disposent en général de deux chambres, mandatées par le peuple souverain, pour exercer le pouvoir législatif, en se complétant, en se contrôlant, afin que le bien commun de tous vos compatriotes soit garanti par les lois avec le maximum de sagesse, de prudence, de justesse... Une telle démocratie ... est une grande chance, si on la compare aux régimes fondés sur la violence, sur la dictature ou sur les privilèges d'une oligarchie toute-puissante. Oui, en ce sens, la vraie démocratie doit être défendue avec ténacité. Et vous, qui présidez personnellement au fonctionnement des Assemblées parlementaires,... vous remplissez une charge méritoire, *un service qualifié* de nos nations, pour lequel je vous exprime mon estime, mes voeux et mes encouragements" (DC 1984, 7).

Les déclarations de ce genre, dans cet esprit, sont nombreuses et proviennent de tous les milieux [56].

Dans le cas d'une Europe unie, une certaine dimension de la démocratie est à déployer. Dans une étude qu'il consacre à celle-ci [57], M.A. Papisca, professeur à l'Université de Padoue, explique pourquoi, tant que les États s'appuieront sur la notion traditionnelle de souveraineté les rapports internationaux demeureront dominés par les rapports intergouvernementaux, à savoir entre des gouvernements formellement égaux. Dès lors, la volonté populaire ne pourra s'exprimer qu'à travers le filtre des États ou des organismes intergouvernementaux. Il y a donc lieu d'envisager, en ce sens, une mutation politique de la société. Débuter cette stratégie, écrit-il, "signifie poser les conditions structurelles préalables pour qu'également dans ce système de relations internationales, des valeurs comme celles de la justice sociale, de la solidarité, de la gratuité, de l'esprit de service, de la dignité humaine, de la vie humaine individuelle et collective, puissent prendre tout leur sens" (p. 70). Et la façon progressive d'obtenir semblable mutation consiste, par exemple, en ce que les organisations non gouvernementales se concertent et donnent naissance à diverses institutions transnationales qui pourront orienter le pouvoir de l'État et même délimiter celui-ci.

4. L'EGLISE, L'EUROPE, LES EGLISES DES AUTRES CONTINENTS

Sous ce titre, sont évoquées deux questions que se posent les chrétiens européens : a) d'abord, quelle est la mission - certains diront : la vocation, ou le rôle - de la communauté ecclésiale européenne à l'égard des populations des autres continents ? b) quel est le modèle global de relation que, dans l'ecclésiologie actuelle, les Églises d'Europe doivent entretenir avec les Églises des autres continents ?

L'Europe et son empreinte universelle

Dans les discours et déclarations des papes et des épiscopats, il est rarement question de l'Europe sans qu'intervienne, à un certain moment, un passage sur la mission, sur la signification de celle-ci pour les autres continents. Sur le seul pontificat de Jean-Paul II, l'étude de J. et B. Chelini fournit un aperçu significatif [58], et l'on pourrait en dire autant des papes précédents, compte tenu du nombre moins grand de leurs interventions et allocutions.

Généralement, c'est l'Europe qui transmet quelque chose aux autres continents, à savoir ses biens (pensée, science, culture, arts, vie en société, progrès) et aussi ses tares (dérives, conflits, guerres, égoïsmes, abus). Et c'est pourquoi, c'est de l'Europe aussi que sont attendues les recherches, initiatives et entreprises en faveur de la paix, de la justice, de la culture, des enjeux humanitaires (par exemple : DC 1985,655 et 695; DC 1986,1167; DC 1988,441; DC 1989,394-396 et 481-482).

Il n'est pas possible d'évoquer tout ce que les responsables chrétiens suggèrent aux Européens en cette direction : d'un mot, c'est *tout* ce que comporte le "salut intégral", *tout* ce que requiert "l'amour du prochain" tels que le détaillent certaines pages de ce livre [59]. Qu'il suffise ici d'une illustration parmi cent autres.

En octobre 1985, au *Symposium du Conseil des Conférences des Épiscopats Européens* , le Pape déclare : "Vue sous une perspective mondiale, l'Europe fait partie de ce qu'on a coutume de définir le Nord développé, par rapport au Sud qui comprend les pays en développement. Étant donné la différence existant entre ces deux pôles, les problèmes de la justice et de la paix se posent en termes nouveaux et en initiatives renouvelées. Laissant de côté les ambitions hégémoniques et les étroits calculs économiques, politiques ou idéologiques, l'Europe, de l'Est comme de l'Ouest, devrait rechercher avec une ouverture généreuse, les réformes et les solutions, même structurelles, qui permettent de s'acheminer vers la solution de ce dramatique problème contemporain. L'Église pour sa part devra témoigner et promouvoir ces valeurs évangéliques de justice, de charité et de paix qui sont impliquées dans cette situation" (DC 1985, 1084).

Une façon d'appuyer ces efforts consiste à promouvoir et à encourager les institutions internationales nées d'une volonté de justice, de paix, de solidarité universelles. Le Concile Vatican II, dans *Gaudium et spes*, propose un modeste projet visant la "construction de la communauté internationale" (nn. 83-90). Depuis qu'existent les Nations-Unies, la papauté a apporté à chaque occasion, aux divers anniversaires, un éloge manifeste.

Et pour souligner ces déclarations ecclésiastiques, le Saint-Siège, mettant à profit sa condition assez exceptionnelle d'État souverain, assure, par l'envoi de délégations aux rencontres de divers organismes internationaux, la présence et l'expression des valeurs chrétiennes fondamentales en harmonie avec les enjeux et problèmes qui y sont discutés. Ainsi, par exemple, pour 1988, *L'Osservatore Romano* établit la liste de quelque 250 réunions auxquelles des délégations officielles du Saint-Siège ont participé (Édit. hebd. franç. du 7 mars 1989, p. 7-10).

Echanges et enrichissement mutuels

Autre question : comment se présente, dans l'ecclésiologie actuelle, le modèle global de relation à inaugurer, à promouvoir entre les Églises d'Europe et les Églises des autres continents ?

Vers le milieu du XXe siècle, on le sait, la position "hégémonique" de l'Europe a perdu de son éclat. L'époque "coloniale" est terminée. On évoque dès lors les avantages et les séquelles regrettables de l'action des pays "colonialistes" et, dans la même foulée, les bienfaits et les erreurs du ministère assuré par les missionnaires venant de ces pays. Des études sont entreprises, en prenant du recul. Ainsi, par exemple, dans une note intitulée *Ethnocentrisme et religion*, Maurice Payette a analysé les raisons pour lesquelles certaines options religieuses mènent parfois à des "préjugés" qui en contredisent les orientations universalistes [60].

En arrière-plan ecclésiologique des changements en cours, il y aurait à prendre connaissance de l'évolution de la théologie de la mission [61]. Cette théologie a pu être résumée en quelques symboles, que les spécialistes développaient et défendaient : "édification", "plantation", "adaptation", "semailles". Aujour-d'hui, on entend parler d'"inculturation" d'une part et, de l'autre, d'"échanges mutuels" en faveur d'une "plénitude de catholicité". Qu'est-ce à dire ?

D'abord, l'"inculturation". Celle-ci ne nous concerne ici que sous un aspect secondaire : comment se présente le rôle et l'action des Églises d'Europe à ce propos. Il ne s'agit certes pas d'une relation entre celui qui possède tout et celui doit tout recevoir. Ainsi, le Concile Vatican II a redit avec force une vérité déjà présente dans la tradition chrétienne, celle de l'oeuvre du Logos en toute personne et celle de la *praeparatio evangelica* : "Tout ce qu'on découvre de bon semé dans le coeur et l'âme des êtres humains, ou dans leurs rites propres ou dans leurs cultures, ne doit pas être perdu, mais guéri, élevé et parachevé (consummetur) pour la gloire de Dieu" (*Lumen gentium*, 17). Bref, on reconnaît réellement "tout ce qui se trouvait déjà de vérité et de grâce chez les Nations comme par une secrète présence de Dieu" (*Ad Gentes*, 9). On ne part donc pas «de rien».

Cependant, la révélation de Dieu s'est présentée historiquement autour de la Méditerranée et s'est répandue au cours des siècles, de manière prépondérante, dans l'aire géographique européenne. Elle a été maintenue, étudiée, explicitée dans cette région. Elle y a été écrite, imprimée, publiée de mille et une manières. Mais cela peut être réalisé aussi bien par tous les continents, en son temps : cette oeuvre est déjà en marche d'ailleurs dans les éditions, traductions, commentaires réalisés dans ces pays, ainsi que dans les travaux catéchétiques et même universitaires de leurs centres d'études religieuses et théologiques.

Concernant les "échanges mutuels" et la "catholicité", la situation se présente comme suit. L'Église comporte un ensemble d'éléments constitutifs essentiels institués par Jésus-Christ. Or, ces éléments sont "situés" à maints égards : ils sont portés par des personnes et des communautés d'une époque et d'une région, avec leur tempérament et leur langue, leurs conceptions et leurs symboles, leurs cultures et leurs sagesses, leurs usages et leurs lois, leurs expériences et leur histoire. L'Église de Dieu n'advient pas à nous hors du temps : elle est à Jérusalem, à Corinthe, à Antioche, à Alexandrie, à Rome et elle revêt en chacun de ces lieux des caractères propres, une condition spécifique, une configuration historique originale. En Europe, les Églises particulières ont été en osmose permanente, limitée mais inéluctable, avec divers courants de pensée, divers systèmes sociaux, divers niveaux de science et de technique, divers degrés de civilisation. Avec des résultats acceptables, neutres, heureux ou regrettables. Lorsque l'Église de Dieu aura pris corps et forme en toutes les régions de l'Asie, d'Afrique, d'Océanie, elle formera une communion d'Églises particulières avec *leurs* aspects culturels, sociaux, juridiques et artistiques *originaux, spécifiques, inédits*. Et c'est alors que l'Église universelle vivra une "catholicité plénière". On le voit : lorsque le Concile du Vatican dit que tout ce qui a été semé par Dieu chez les non-chrétiens devra être conduit à son "accomplissement", à son "parachèvement", il n'entend pas parler d'une future homogénéisation universelle de toutes les caractéristiques particulières, ni d'une absorption de celles-ci dans l'Église d'Occident, d'Europe, voire latine.

Et dès lors, puisque chaque Église en chaque région peut faire valoir certains caractères *inédits* et *originaux*, la relation entre les Églises particulières en ce monde pourra et devra se concevoir selon le modèle des "échanges mutuels". Telle est en effet l'authentique catholicité. En effet, lit-on dans *Lumen gentium*, 13, "en vertu de cette catholicité, chaque portion apporte aux autres et à toute l'Église le bénéfice de ses propres dons, en sorte que le tout et chacune des parties s'accroissent par un échange mutuel et universel, et par un effort commun vers une plénitude dans l'unité". C'est ce qu'expliquait très bien Mgr A. Fernandes, archevêque de New Delhi, dans un discours prononcé en 1985 (DC 1985, 62-65) [62].

III. L'EVANGELISATION ET SON OBJECTIF FINAL

L'évangélisation en Europe a fait depuis quelques années l'objet de rencontres, colloques et synodes nombreux et riches en exposés, en évaluations, en suggestions pastorales, en déclarations. Un seul point nous occupera ici : quel est l'objectif final de ce renouveau d'évangélisation ? Quel est le but de la visée évangélisatrice ainsi proclamée, étudiée, stimulée d'année en année ?

1. UNE CHRETIENTE

Une chrétienté ?

Mieux vaut sans doute partir d'un exemple : un article paru dans un quotidien belge du 15 juillet 1988 [63]. Après avoir ébauché une "analyse" de la situation de la Belgique pour en dégager quelques observations, un théologien transposait ces vues à la situation de l'Europe en ces termes : "L'Europe elle-même a trouvé dans le christianisme, et d'abord dans le catholicisme, sa cohésion. Pas plus que la Belgique, elle ne pourra trouver une unité nouvelle en dehors de la religion du Christ, et plus particulièrement en dehors de l'élan et de la cohésion qu'elle peut recevoir de l'Église catholique... Aussi, pour l'Europe, n'y a-t-il pas d'autre alternative, si elle veut exister, que de redevenir chrétienne. Telle est la tâche qui est offerte à tous les chrétiens. Elle s'appelle : Nouvelle évangélisation".

"Il n'y a pas d'autre alternative si elle veut exister". Sans doute pourrait-on dire qu'il suffit d'attendre et de voir ! Mais celui qui publie de semblables déclarations devait avoir quelque sérieuse raison théologique pour s'exprimer aussi vigoureusement. Les hommes politiques engagés dans l'édification de l'Europe unie estimeront sans doute que celle-ci existera, plus ou moins parfaitement certes, même si la "nouvelle évangélisation" ne réussit pas à obtenir que l'Europe "redevienne chrétienne". Des ébauches d'unité existent déjà : leur origine et leur persistance sont-elles dues à des facteurs spécifiquement évangéliques ?

Est-il légitime de "lier" à ce point la "foi" chrétienne et l'existence de l'"Europe unie" ? On le voit, quelques notations sur ce thème complexe pourraient aider à distinguer, à clarifier, à nuancer.

"La contribution de l'Église, disait Mgr G. Benelli en 1977, ne consiste pas... dans une tentative, qui serait absurde autant que ridicule, de restauration d'un empire clérical" (DC 1977,1042). Le 11 octobre 1988, s'adressant au Parlement européen à Strasbourg, Jean-Paul II décrivait la situation comme suit : "Chez certains, la liberté civile et politique, jadis conquise par un renversement de l'ordre ancien fondé sur la loi religieuse, est encore conçue comme allant de pair avec la marginalisation, voire la suppression de la religion, dans laquelle on a tendance à voir un système d'aliénation. Pour certains croyants, en sens inverse, une vie conforme à la foi ne serait possible que par un retour à cet ordre ancien, d'ailleurs souvent idéalisé. Ces deux attitudes antagonistes n'apportent pas de solution compatible avec le message chrétien et le génie de l'Europe. Car, lorsque règne la liberté civile et que se trouve pleinement garantie la liberté religieuse, la foi ne peut que gagner en vigueur en relevant le défi que lui adresse l'incroyance, et l'athéisme ne peut que mesurer ses limites devant le défi que lui adresse la foi (DC 1988,1045). Et, un peu plus loin, le Pape poursuivait : "La chrétienté latine médiévale... n'a pas toujours échappé à la tentation intégraliste d'exclure de la communauté temporelle ceux qui ne professent pas la vraie foi. L'intégralisme religieux, sans distinction entre la sphère de la foi et celle de la vie civile, aujourd'hui encore pratiqué sous d'autres cieux, paraît incompatible avec le génie de l'Europe tel que l'a façonné le message chrétien".

D'autres déclarations sont, bien qu'en plus bref, de la même veine. "L'Europe d'aujourd'hui n'est plus une 'société' chrétienne" : *Conférence œcum. européenne* (DC 1985,109). "Une société ouverte et pluriforme" : *Déclaration de chrétiens non catholiques* (DC 1979,537). "Dans un climat de plein respect des autres religions et des libertés authentiques" (DC 1982,1129). "Sans revendiquer certaines positions qu'elle [l'Église catholique] a occupées jadis et que l'époque actuelle considère comme totalement dépassées" (DC 1982,1130).

Une "chrétienté" ! Terme polyvalent, fluide, non maîtrisable, certes. Il concerne, en gros, une *relation* entre *trois* données qui sont soumises à une diversité multiforme et qui varie d'après les temps et les lieux. Ces trois données sont : la communauté des chrétiens, vivant avec d'autres communautés de croyants ou de non-croyants plus ou moins nombreux; ensuite, les États, ou les pouvoirs publics, conçus et agissant selon une ample gamme de modèles; enfin, l'Église catholique, et aussi des Églises chrétiennes, qui comprennent et accomplissent également leur tâche en revêtant des configurations historiques très différentes au cours des siècles.

Un écueil majeur de cette "relation" — et peut-être l'écueil majeur — réside dans le fait que et les autorités ecclésiastiques (Église) et le pouvoir civil (État) jouissent réellement d'une aire de compétence propre sur les mêmes personnes et les mêmes communautés de citoyens chrétiens — mais ceux-ci étant plus ou moins nombreux — dans un pays.

Quelques repères peuvent néanmoins aider à estimer de manière plus juste, dans les écrits et discours de chrétiens "européens", ce qui pourrait être considéré comme "un relent de chrétienté" ou ce qui pourrait être reçu comme "un rapport organique acceptable".

Quelques types de "chrétienté"

Voici d'abord quelques formes concrètes prises par une "chrétienté" à telle ou telle époque.

La chrétienté médiévale, explique le *Dictionnaire de théologie catholique* [64], c'est "la communauté des peuples catholiques de l'Europe, vivant dans une unité de culture et de foi, à laquelle se rapportent les usages, les institutions, les lois, toute la vie sociale et même politique. Le pape y apparaît comme le chef suprême, intervenant soit directement en vertu de sa juridiction spirituelle, soit indirectement pour la sauvegarde de la morale mise en péril par les agissements des princes. Cette chrétienté a son point de départ dans l'Empire romain d'Occident, elle atteint son point culminant au début du XIIIe siècle avec Innocent III".

Au XIXe siècle, les juristes du droit canonique développent une argumentation impliquant une certaine conception de la compétence et de la mission de l'État. Cette position est encore tenue au XXe siècle, de manière caractérisée, par le cardinal A. Ottaviani, dans un Projet écrit par lui en vue du IIe Concile du Vatican. Voici ce qu'il dit des "devoirs religieux du Pouvoir civil" et de la "tolérance religieuse dans une cité catholique".

"Le Pouvoir civil ne peut être indifférent à l'égard de la religion. Institué par Dieu, afin d'aider les hommes à acquérir une perfection vraiment humaine, il doit, non seulement fournir à ses sujets la possibilité de se procurer les biens temporels — soit matériels, soit intellectuels — mais encore favoriser l'affluence des biens spirituels leur permettant de mener une vie humaine de façon religieuse. Or, rien de plus important que de connaître et de reconnaître Dieu, puis de remplir ses devoirs envers Dieu : c'est là en effet le fondement de toute vertu privée et, plus encore, publique.

"Ces devoirs envers Dieu obligent envers la Majesté divine, non seulement chacun des citoyens, mais aussi le Pouvoir civil, lequel, dans les actes publics, incarne la Société civile. Dieu est, en effet, l'auteur de la Société civile et la source de tous les biens qui, par elle, découlent en tous ses membres. La Société civile doit donc honorer et servir Dieu. Quant à la manière de servir Dieu, ce ne peut être nulle autre, dans l'économie présente, que celle que Lui-même a déterminée, comme obligatoire, dans la véritable Église du Christ et cela, non seulement en la personne des citoyens, mais également en celle des Autorités qui représentent la Société civile.

"Que le Pouvoir civil ait la faculté de reconnaître la véritable Église du Christ, cela est clair par les signes manifestes de son institution et de sa mission divines, signes donnés à l'Église par son divin Fondateur. Aussi, le Pouvoir civil, et non seulement chacun des citoyens, a le devoir d'accepter la Révélation proposée par l'Église elle-même. De même, dans sa législation, il doit se conformer aux préceptes de la loi naturelle et tenir strictement compte des lois positives, tant divines qu'ecclésiastiques, destinées à conduire les hommes à la béatitude surnaturelle.

"De même que nul homme ne peut servir Dieu de la manière établie par le Christ, s'il ne sait pas clairement que Dieu a parlé par Jésus-Christ, de même la Société civile, elle aussi, ne peut le faire, si d'abord les citoyens n'ont pas une connaissance certaine du fait de la Révélation, tout comme le Pouvoir civil en tant qu'il représente le peuple...

"La doctrine intégrale, exposée ci-dessus par le Saint Concile, ne peut s'appliquer sinon dans une cité où les citoyens, non seulement sont baptisés, mais professent la foi catholique. Auquel cas, ce sont les citoyens eux-mêmes qui choisissent librement que la vie civile soit informée selon les principes catholiques...".

Après quoi, le cardinal A. Ottaviani présente un tableau de ce que devra être la "tolérance religieuse dans une cité catholique". Cet exposé est important, parce que les raisons données en faveur de la "tolérance" prennent, en situation pluraliste, un intérêt et une portée inattendus.

"Dans cette sauvegarde de la vraie foi, il faut procéder selon les exigences de la charité chrétienne et de la prudence, afin que les dissidents ne soient pas éloignés de l'Église par la terreur, mais plutôt attirés à elle, et que ni la Cité ni l'Église ne subissent aucun dommage. Il faut donc toujours considérer et le bien commun de l'Église et le bien commun de l'État, en vertu desquels une juste tolérance, même sanctionnée par les lois, peut, selon les circonstances, s'imposer au Pouvoir civil; cela, d'une part, afin d'éviter de plus grands maux, tels que le scandale ou la guerre civile, l'obstacle à la conversion à la vraie foi et autres maux de cette sorte, d'autre part, afin de procurer un plus grand bien, comme la coopération civile et la coexistence pacifique des citoyens de religions différentes, une plus grande liberté pour l'Église et un accomplissement plus efficace de sa mission surnaturelle, et autres biens semblables... Par cette tolérance, le Pouvoir civil catholique imite l'exemple de la divine Providence, laquelle permet des maux dont elle tire de plus grands biens. Cette tolérance est à observer surtout dans les pays où, depuis des siècles, existent des communautés non-catholiques".

Tels sont les devoirs d'un "Pouvoir civil catholique" dans une "cité catholique" [65].

Les Pères du Concile Vatican II ne suivront pas cette orientation. La Constitution *Gaudium et spes* et la Déclaration *Dignitatis humanae* sur la liberté sociale et civile en matière de religion comportent et impliquent des positions doctrinales qui sont autant de refus de la chrétienté comprise comme ci-dessus.

- On y parle de la "pluralité des cultures" (*Gaudium et spes*, 53), également d'une "société de type pluraliste", "societas pluralistica" (*Gaudium et spes*, 76).

- Il est reconnu que la personne humaine, en tant qu'être doué de raison, de liberté, et responsable, fonde un droit à la liberté de conscience, de culte, de religion professée et proposée, droit humain fondamental qui requiert une reconnaissance juridique.

- La compétence de l'État est restreinte au domaine temporel, à la fois matériel, intellectuel, culturel, mais non "religieux", ni "idéologique", ni doctrinal (voir chap. V).

Cependant, la "distinction" des compétences, des tâches, des obligations de l'un et l'autre pouvoir (autorités civiles ou État, autorités religieuses ou Église) ne signifie pas "rupture intégrale", et encore moins "opposition radicale". Et la détermination de ces compétences introduit déjà une certaine clarté dans les rencontres.

L'État, dit-on alors, a pour tâche d'assurer le bien commun temporel des citoyens et de fixer un ordre juridique comprenant l'ensemble des conditions sociales permettant à tous d'atteindre leur perfection de façon plus totale [66]. Il doit donc reconnaître l'existence des droits humains fondamentaux. Il doit protéger et rendre possible l'exercice de ces droits, et éventuellement d'insérer l'objet de ce droit dans une activité extérieure. Il doit, de ce fait, limiter cet exercice, parce que toutes les personnes de la société doivent pouvoir également exercer leurs droits. Ces exigences sont, par exemple, le respect mutuel, la dignité du comportement, la liberté de fait, pour les groupes comme pour les individus. D'autres éléments de réflexion sont proposés plus loin (chap. V), à propos de la "laïcité ouverte".

Dans ce nouveau contexte, un théologien orthodoxe a analysé la situation de la Grèce à cet égard et il concluait que "après la fin" de la chrétienté que son pays a connue, on pourrait envisager la "permanence" d'une certaine chrétienté, mais de conception inédite : "Une permanence constamment soumise à la critique théologique et au prophétisme évangélique kérygmatique, insérée dans une vision eschatologique du monde et de l'histoire, ce qui libérera la 'chrétienté' de ses liens illégitimes... Il nous faut une attitude de service, au lieu d'*exousia*, des formes ecclésiastiques empreintes de simplicité au lieu de la pompe extérieure, une attitude apophatique au lieu des réponses scolastiques stéréotypées, face au mystère d'une part, et face aux questions posées par les idéologies. Il faut préserver avec ces dernières un dialogue franc et sincère sur tous les plans, en participant à toute action visant au renouvellement des structures sociales injustes. Enfin, en tant qu'institution, l'Église devrait s'ouvrir à la participation des laïques dans ses fonctions sociales et avoir des spécialistes dans chaque secteur. Parallèlement, l'Église doit poursuivre la transformation de son organisation hiérarchique sacralisée en une diaconie conforme à la Parole de Dieu, sans aucune prétention idéologique à une suprématie sacrée et sans aucune nostalgie de cette pleine 'symphonie' avec l'État qui sauvegardait ses privilèges au centre de la nation. Cette permanence-là est définitivement terminée" [67]. On le voit, semblable "chrétienté" impliquerait une métamorphose assez radicale. Le terme "chrétienté" est conservé : mais en quel sens ?

2. ECRITURE SAINTE ET POLITIQUE

Une politique tirée de l'Écriture ?

Premier élément, qui ne peut jamais être perdu de vue : il n'y a pas de "*politique de la foi* ", de "politique de l'Évangile", en ce sens que le passage d'une donnée de la foi à la politique concrète ne fait *jamais* l'économie de médiations, de relais : la rationalité, les analyses. Avec toutes les conséquences qui sont impliquées et les pièges qui nous attendent dans l'*exercice* de toute rationalité, dans l'*élaboration* de toute analyse.

Certes, Bossuet a publié une *Politique tirée de l'Écriture Sainte* . Il donne au dauphin nombre de conseils de sagesse chrétienne. Mais, reconnaissait le P. Cayré, "la politique que Bossuet expose est peut-être moins tirée de l'Écriture Sainte que des vues personnelles de l'auteur appuyées sur l'Écriture Sainte, et sans doute pourrait-on, sur divers points, en tirer une autre assez différente" [68]. C'est qu'en effet le passage des Écritures à une doctrine politique s'effectue à travers de nombreux intermédiaires, comme entre autres l'herméneutique biblique et l'art complexe des analyses socio-politiques.

S'adressant à plus de 400 parlementaires catholiques de divers pays d'Europe et évoquant leur "responsabilité de chrétiens européens engagés dans la politique", le 11 novembre 1983, Jean-Paul II attirait leur attention sur les voies de la démocratie authentique, puis ajoutait : "En définitive, aucun parti n'est à l'abri de déformations, de décadence, de corruption; il faut veiller et renouveler l'action selon les principes dont nous venons de parler. Les solutions concrètes, au plan politique, ne se déduisent d'ailleurs pas *directement* de la foi. Mais votre ferme volonté d'agir chacun et en groupe, selon votre conscience chrétienne et votre humble démarche d'Année sainte, mérite mes plus vifs encouragements" (DC 1984,6). Nous avons souligné *directement*.

Un an plus tard, la *Déclaration* de la 4e Rencontre œcuménique européenne reconnaissait que : "la proclamation commune de notre foi n'est assurément pas la réponse *immédiate* aux questions ni la solution concrète aux problèmes que suscite la situation de l'Europe. Elle nous rappelle pourtant de manière encourageante que Dieu, dans sa sollicitude, a porté secours à sa création" (DC 1985,110). Nous avons souligné *immédiate*.

A la même époque, l'*Instruction sur la "théologie de la libération"* (septembre 1984) reconnaît la nécessité d'une "analyse" pour qu'une action soit sérieuse : "Que la connaissance scientifique de la situation et des voies possibles de transformation sociale soit le présupposé d'une action capable d'atteindre les buts qu'on s'est fixés, cela est évident. Il y a là une marque du sérieux de l'engagement" (VII, 3). Et il faut plus que les grandes orientations éthiques de l'enseignement de l'Église en matière sociale pour diriger une action concrète : "... l'enseignement de l'Église en matière sociale apporte les grandes orientations éthiques. Mais, pour qu'il puisse guider *directement* l'action, il réclame des personnalités compétentes, au point de vue scientifique et technique, comme dans le domaine des sciences humaines ou celui de la politique" (XI, 14). Nous soulignons *directement* (DC 1984,894,899).

Appuyés fermement sur les données de la foi, des chrétiens pourraient négliger, voire mésestimer — en principe ou en fait — l'importance des médiations rationnelles qui interviennent, qu'on en soit ou non conscient, en toute action concrète entreprise en ce monde.

Certes, la foi chrétienne nous présente, à partir de la révélation, une doctrine générale de l'homme, de l'existence et de la vie, des obligations morales, de la famille et de la société. Les croyants de la religion de Jésus-Christ connaissent ces doctrines révélées. Celles-ci fondent, animent, orientent, stimulent toutes les activités et tous les engagements qui forment le tissu d'une existence croyante. Telle est leur efficacité propre : elle est radicale et englobante. Et les chrétiens la défendent opportunément.

Toutefois, chacune de nos activités, chacun de nos engagements sont également, dans une mesure plus ou moins grande, le fruit d'une certaine réflexion opérée, lors de la mise en œuvre concrète, hic et nunc, de ces orientations révélées. Cet intermédiaire "rationnel" s'établit laborieusement, au milieu de tous les conditionnements psychologiques, sociologiques et autres de toute action précise, de tout engagement déterminé. La doctrine révélée, dans sa généralité, ne peut répondre "immédiatement" à toutes les exigences d'une action qui est imbriquée de multiples façons dans une "situation" historique complexe. Qu'on en soit conscient ou non, une analyse plus ou moins développée s'accomplit, portant sur les processus rationnels autonomes et ayant leurs lois propres (*Gaudium et spes*, n° 36) par lesquels, hic et nunc, s'effectuent, se maintiennent ou se défont la paix, la justice, l'amour, la famille, la société, la liberté, la vie. Une action chrétienne relative à la paix entre les hommes, pour être pertinente, pour répondre à toutes ses exigences, doit donc unir la doctrine révélée sur la paix aux recherches rationnelles de la polémologie. Et il en va de même, servatis servandis, de tous les domaines de l'existence concrète. Toute "pratique" implique une multitude de choix qui ne sont pas envisagés par la doctrine révélée, car ils sont liés à une situation historique donnée : choix des motivations, choix des finalités, choix des priorités, choix des moyens de réaliser, etc. D'où des risques d'erreur, certaines divergences, que relève opportunément *Gaudium et spes*, n° 43. Tout chrétien, lorsqu'il agit, donne en fait une solution à ces problèmes de "rationalité". Mais comment le fait-il ? Les représentants des sciences humaines sont le mieux outillés pour répondre à cette requête.

Quelle cohérence entre foi et engagement politique ?

On ne peut non plus, en général, envisager de définir un engagement d'ordre social ou politique qui pourrait se prétendre en *"coïncidence" pleine ou absolue* avec une donnée de la révélation chrétienne.

Les historiens d'un certain âge ont toujours en mémoire ce que leur disait Pie XII, au Xe Congrès international des Sciences historiques, en septembre 1955. "L'Église a conscience d'avoir reçu sa mission et sa tâche pour tous les temps à venir et pour tous les hommes et, par conséquent, de n'être liée à aucune culture déterminée. Saint Augustin, jadis, ... dans la *Cité de Dieu* , a distingué nettement l'existence de l'Église du destin de l'Empire ... La culture du moyen âge elle-même, on ne peut pas la caractériser comme la culture catholique : elle aussi, bien qu'étroitement liée à l'Église, a puisé ses éléments à des sources différentes. Même l'unité religieuse propre au moyen âge ne lui est pas spécifique : elle était déjà une note typique de l'antiquité chrétienne dans l'Empire romain d'Orient et d'Occident, de Constantin le Grand à Charlemagne. L'Église catholique ne s'identifie avec aucune culture : son essence le lui interdit" (DC 1955,1225-1226).

La constitution pastorale *Gaudium et spes*, 43, de Vatican II a aussi abordé cette question, on oserait même dire cette aporie : "Fréquemment", dit-elle des laïcs, "c'est leur vision chrétienne des choses qui les inclinera à telle ou telle solution, selon les circonstances. Mais d'autres fidèles, avec une égale sincérité, pourront en juger autrement, comme il advient souvent et à bon droit. S'il arrive que beaucoup lient facilement, même contre la volonté des intéressés, les options des uns ou des autres avec le message évangélique, on se souviendra en pareil cas que personne n'a le droit de revendiquer d'une manière exclusive pour son opinion l'autorité de l'Église. Que toujours, dans un dialogue sincère, ils cherchent à s'éclairer mutuellement, qu'ils gardent entre eux la charité et qu'ils aient avant tout le souci du bien commun".

Un peu plus tard, dans *Octogesima adveniens* (1971), Paul VI reconnaissait que "dans les situations concrètes et compte tenu des solidarités vécues par chacun, il faut reconnaître une légitime variété d'options" (voir DC 1971,513).

Pour l'*Instruction sur la liberté religieuse et la libération* (1986), "l'action sociale, qui peut impliquer *une pluralité de voies concrètes —* nous soulignons — sera toujours en vue du bien commun et conforme au message évangélique et à l'enseignement de l'Église" (§ 80) (DC 1986,406).

Comment expliquer chez certains chrétiens leur passage "en direct" de la foi à la politique ?

- On le rencontre, tout d'abord, dans des milieux marqués par un certain "fondamentalisme" biblique. "Ce que j'appelle le fondamentalisme me paraît être un élargissement de la Bible hors de son propos central. Il aboutit pratiquement à la recherche littéraliste de versets bibliques, susceptibles de répondre, *sans médiation rationnelle*, à chaque situation humaine, comme si c'étaient là leur possibilité, leur intention et leur légitimité. Ce *refus de relais* entre l'intention salutaire de Dieu et la réalité me paraît très dommageable" [69]. Notamment, pourrait-on ajouter ici, lorsque les textes bibliques sont repris de l'Ancien Testament et avec l'arrière-plan "théocratique" de la condition d'Israël.

- Cette façon de raisonner se rencontre également chez de jeunes chrétiens d'aujourd'hui, non pas à cause d'un fondamentalisme biblique, mais du fait que, en opposition avec le comportement politique de certains chrétiens adultes, ils désirent vivre toute leur existence temporelle en cohérence pleine et explicite avec le message évangélique. Pour collaborer au plan temporel avec des personnes "de bonne volonté", ces adultes gardent en leur cœur et en leur esprit l'interprétation chrétienne et la motivation chrétienne de leur activité; ils sont ainsi amenés à vivre, leur reproche-t-on, "une foi privée de langage". Car les jeunes dont nous parlons veulent mener une existence dans laquelle toute démarche est déterminée, définie, animée, rendue effective par la foi explicite en Jésus et son message. Mais cette manière de comprendre la Seigneurie du Christ ici-bas, durant le temps de l'Église, est-elle justifiée "toujours et en tout lieu" ?

Un réel danger menace semblable manière de voir et de vivre. Ceux qui veulent réaliser ce genre de "cohérence" entre la révélation chrétienne et l'action temporelle en viennent bientôt à "sacraliser" l'engagement envisagé et l'objectif poursuivi. Peut-on espérer mieux qu'une caution divine venant, via un texte biblique, sacraliser tel geste en faveur d'un "droit humain". Mais cette joie pourrait être de courte durée. Bientôt, le droit pour lequel on milite sous la bannière de la Bible pourrait obtenir un "contenu" plus développé, plus complet, plus affiné. L'histoire montre cet étonnant crescendo en ce qui concerne le "contenu" d'un "droit humain" depuis l'antiquité, et notamment depuis deux siècles. La situation antérieure était donc objectivement imparfaite. Un malaise assombrit le chrétien : son besoin de cohérence chrétienne lui a fait oublier l'historicité des réalités d'ici-bas. Il en arriverait même, par déception, à ne plus rechercher de convergence entre un engagement temporel et la foi et à "se contenter" de ce qu'il appelait nagère une activité de "politicien". Se contenter ... car il n'aperçoit sans doute pas, ou mal, que le Seigneur ressuscité et son Esprit "animent" l'action de ce politique chrétien (voir chap. IV, 1).

- Peut-être y aurait-il même à réviser aussi le substrat théologique de ces écrits et de ces discours pour "l'unité de l'Europe". L'évangélisation se développe sous l'impulsion de l'envoi du Seigneur en vue d'annoncer la Bonne nouvelle jusqu'aux extrémités du monde, donc dans une perspective de "croissance universelle". Mais on peut comprendre et imaginer alors, sans y prendre garde, une universalité qui est réalisable à plus ou moins longue échéance. Saint Paul n'écrivait-il pas aux quelques chrétiens de Rome : "Dans le monde entier, on proclame que vous croyez" (Rm 1,8). La théologie chrétienne a évalué de manière parfois très optimiste cette diffusion du christianisme "dans le monde entier". Et la "découverte des Indiens" secoua vigoureusement certaines perspectives. En fait, plus fondamentalement, comment les chrétiens comprennent-ils la révélation de Dieu sur l'Église ? Est-ce l'Église "dans sa réalisation finale et plénière du ciel", ou est-ce l'Église "au cours de son pèlerinage laborieux sur cette terre" ? Les Écrits bibliques eux-mêmes mélangent fréquemment ce qui concerne le ciel et ce qui concerne la terre, pour l'excellente raison que le Royaume de Dieu est déjà ébauché en mystère ici-bas. Mais ce soubassement théologique "complexe" de nos regards et de nos intentions serait peut-être à examiner de plus près, notamment en tenant compte de ce qui a été dit en II, 1 sur "l'Europe dans un monde pluraliste".

2. LA RENCONTRE MULTIFORME ENTRE CHRISTIANISME ET SOCIETE

Il y a rencontre et interaction

Le titre donné aux pages qui suivent est intentionnellement global, général, formel : "rencontre", "christianisme", "société". C'est que la situation réelle qu'il désigne est elle-même complexe, diverse. D'une part, par "christianisme", on peut entendre soit le christianisme en tant que religion, soit le christianisme comme message de Jésus-Christ, soit l'Église. D'autre part, "société" peut signifier les citoyens, un pays, un État. Et une "rencontre", c'est se trouver "en présence" et "être en contact".

Ici, la "rencontre" sera envisagée uniquement dans ce qu'elle présente ou apporte à la Société. Le christianisme, en effet, propose la Bonne Nouvelle du salut; et le "salut intégral", réalisé dans la "charité", ne peut pas ne pas "toucher" le monde ambiant (voir chap. I, 3). Que serait d'ailleurs un christianisme replié sur lui-même, muet, sectaire, coupé des sagesses humaines, sans élan missionnaire, inattentif à tout ce qui "se trouve déjà de vérité et de grâce chez les Nations par une secrète présence de Dieu" (Décret *Ad Gentes*, 9). Et "toucher" le monde, en l'occurrence, c'est orienter le devenir des personnes, des cultures et des institutions dans le sens des valeurs promues par le message de Jésus-Christ.

A ce propos, on a pu parler de "correspondance" entre la foi du chrétien et les visées humaines du citoyen. Correspondance réelle et multiforme. Au terme "correspondance", le Larousse explique : "rapport de conformité, de symétrie, d'harmonie, de concordance"; et aussi bien "convergence". En ce qui nous concerne, cette correspondance est polymorphe, diverse, à fixer en chaque cas précis.

Voici quelques extraits de discours sur ce sujet.

Recevant la Commission européenne chargée des relations avec les Parlements et l'opinion publique, le Pape Paul VI, après avoir rappelé "les sujets qui nourrissent votre réflexion et vos échanges" et en avoir reconnu le caractère hautement humanitaire, poursuivait : "Il nous semble qu'il existe une convergence entre tous ces efforts et ce que l'Église essaie de faire en conformité avec les lignes directrices de l'Évangile. Ces efforts, en effet, ne peuvent que contribuer à l'union des peuples d'Europe... Ces mêmes efforts ..." (DC 1975,511).

En octobre 1975, s'adressant au IIIe Symposium des évêques d'Europe, Paul VI, après avoir souligné que "la foi n'est pas un élément politique", poursuit : alors, la foi, que fait-elle ? "Elle donne un sens à la vie des hommes, révélant leur destinée éternelle de fils de Dieu : n'est-ce pas appréciable en cette ère de désarroi ? Elle nourrit leur cœur d'une espérance non fallacieuse. Elle leur inspire une vraie charité, génératrice de justice et de paix, qui les pousse au respect de l'autre dans la complémentarité, au partage, à la collaboration, au souci des plus défavorisés. Elle affine les consciences. Dans un monde souvent clos sur sa richesse et sur son pouvoir, rongé par les conflits, ivre de violence ou de débordement sexuel, la foi procure une libération, une remise en ordre des facultés merveilleuses de l'homme" (DC 1975,902).

Au cours de sa conférence sur la contribution de l'Église et des chrétiens à l'édification d'une nouvelle Europe, Mgr G. Benelli, en septembre 1977, déclarait : "Si l'Église s'intéresse — et doit s'intéresser — à l'évolution de l'Europe vers une plus grande unité, c'est avant tout parce que, dans sa doctrine constitutionnelle, la fraternité de tous les hommes et de tous les peuples est la loi suprême des réalités sociales : 'Aimez-vous les uns les autres'... C'est dans ce domaine de l'esprit, le domaine des principes moraux et spirituels, le domaine de la conduite de l'homme — et donc de l'éducation à l'unité — que l'Église est capable d'apporter son aide et a aussi le devoir de porter son attention active avec générosité" (DC 1977,1041).

Au Forum européen des Comités nationaux d'apostolat des laïcs (juillet 1978), le document final concluait : "L'unité de l'Europe est encore à faire... Soucieux d'annoncer la Bonne nouvelle, ils [les participants] veulent porter témoignage dans leur vie de leurs engagements en cohérence avec l'Évangile. Ils n'oublient pas en effet que le combat pour la justice et la transformation du monde apparaissent pleinement comme une dimension constitutrice de la prédication de l'Évangile qui est la mission de l'Église pour la rédemption de l'humanité et sa libération de toute situation oppressive (Exhortation Evangelii nuntiandi, 30). Ayant foi en Dieu créateur et amour, ils reconnaissent toute l'importance des valeurs fondamentales (liberté, justice, droits de l'homme, démocratie ...). Ils insistent sur le respect de la vie et de la dignité de la personne humaine" (DC 1978,895).

Données axiales de cette rencontre

De l'ensemble des discours, conférences ou écrits dans lesquels l'apport de la foi chrétienne, de l'Évangile au devenir et à l'unité de l'Europe et des européens est décrit, évalué, promu, on peut dégager *quelques données axiales.*

a. Tout d'abord, le christianisme, comme toute religion, aborde les questions qu'on appelle "ultimes", comme : qu'est-ce que l'être humain ? Quelle est son origine, quelle est sa destinée ? Quel est le sens et le but de l'existence ? Qu'est-ce que le bien et qu'est-ce que le mal ? Quelle est la voie qui mène à l'épanouissement, au bonheur ? Y a-t-il une survie et laquelle ? Ces énigmes affleurent à la conscience dès que les êtres humains parviennent à rentrer en eux-mêmes, appelés à ce questionnement à cause de circonstances qui bousculent, grâce à un moment de recueillement spirituel, ou simplement par le courant contraignant des traditions et des coutumes ancestrales.

Ce sont là des questions décisives pour toute personne. Elles concernent des enjeux majeurs : les deux pôles d'une histoire conçue de façon linéaire, avec un début et une fin; les traits fondamentaux du rapport entre Dieu et le monde; la conception de l'à-venir de l'être humain et de l'humanité; les facteurs religieux de l'optimisme ou du pessimisme foncier; la détermination de la rectitude éthique fondamentale et décisive, etc.

b. De plus, le christianisme, comme toute religion, propose aux êtres humains un faisceau d'orientations éthiques, comme le respect des personnes, la dignité humaine, la justice et la solidarité, l'amour d'autrui, le sens du travail et la générosité, etc. Actuellement, les chrétiens défendent et promeuvent vigoureusement les droits humains fondamentaux et le nouvel éthos de plus en plus universel que ceux-ci constituent. Les chrétiens, et d'autres religions aussi, proposent un message de spiritualité de haute qualité, et qui se déploie quelquefois de manière supérieure dans la vie des grands mystiques, tout comme il peut prendre corps dans une existence de total dévouement ou de totale consécration.

En ce domaine, l'apport des pouvoirs publics est limité par les frontières mêmes de leur compétence propre. De nos jours, ce sont souvent les Églises chrétiennes qui se présentent comme la conscience de la société; elles éveillent à la conscience éthique les individus et les institutions du monde médical, social, économique; elles alertent les acteurs sociaux et politiques lorsque des seuils humains sont atteints ou dépassés; elles suggèrent quelques orientations générales susceptibles de guider la recherche des solutions aux problèmes nouveaux, inédits.

Cet engagement de plus en plus explicite des Églises s'explique en partie par la faiblesse du rayonnement des centres et des institutions philosophiques qui représentent une certaine "philosophie personnaliste communautaire" et qui pourraient, à ce titre, apporter aux institutions internationales des avis, des conseils, des explications. Ces milieux pourraient aussi soutenir doctrinalement le travail des Comités éthiques et des Conseils des sages de plus en plus nombreux, créés à notre époque par les gouvernements.

c. Puisqu'il est question ici en particulier des relations entre le message chrétien et l'union et l'unité de la société civile, voici les indications que l'on peut tirer de la Constitution *Gaudium et spes*, 42, de Vatican II. "L'Église reconnaît aussi tout ce qui est bon dans le dynamisme social d'aujourd'hui, en particulier le mouvement vers l'unité, les progrès d'une saine socialisation et de la solidarité au plan civique et économique". En voici la raison : "promouvoir l'unité s'harmonise avec la mission profonde de l'Église... Sa propre réalité manifeste au monde qu'une véritable union sociale visible découle de l'union des esprits et des cœurs, à savoir cette foi et cette charité, sur lesquelles, dans l'Esprit-Saint, son unité est indissolublement fondée. Car l'énergie que l'Église est capable d'insuffler à la société moderne se trouve dans cette foi et dans cette charité effectivement vécues et ne s'appuie pas sur une souveraineté extérieure qui s'exercerait par des moyens purement humains". Et comme l'Église n'est liée à aucune forme particulière de culture, ni à aucun système politique, économique ou social, "par cette universalité même, l'Église peut être un lien très étroit entre les différentes communautés humaines et entre différentes nations".

L'influence bénéfique de l'Église pour l'unité *dans* un pays s'explique et se comprend aisément, puisque l'Église prêche la charité, la paix, le pardon. Mais cette influence n'est pas à présenter de façon inconsidérée, comme si elle constituait un aspect de la mission propre de l'Église en faveur de la stabilité politique d'un État. Telle l'apologétique de l'Église défendue par certains catholiques au XVIIIe siècle. L'Église, disaient-ils, est foncièrement utile sinon nécessaire pour garantir le "lien social" du pays[70]. "La religion est la base des empires : c'est la raison éternelle qui veille à l'ordre des choses". D'où, bien sûr, la nécessité pour ce pays de reconnaître une religion dominante, à savoir, en l'occurrence, l'Église catholique, les "autres" étant soit rejetés soit tolérés avec bienveillance, d'après la nature du gouvernement en place.

A propos de cette unité, un court passage de la constitution *Lumen gentium*, 1, est parfois interprété en un sens trop socio-politique. "L'Église, y lit-on, est le sacrement ... de l'union intime avec Dieu et de l'unité de tout le genre humain, elle se propose de préciser davantage sa propre nature et sa mission universelle : ... il faut que tous les hommes, désormais plus étroitement unis entre eux par les liens sociaux, techniques, culturels, réalisent également leur pleine unité dans le Christ". Voici comment Mgr G. Philips, qui fut directement engagé dans l'élaboration du texte conciliaire, comprend ce passage. "L'Église est donc le sacrement de l'union avec Dieu et, par là, de l'union mutuelle des croyants en un même élan d'amour vers lui. Ainsi elle a valeur de signe pour le genre humain tout entier. Ce n'est pas son rôle, il est vrai, d'œuvrer directement en vue de la paix universelle : la tâche d'édifier un ordre planétaire pacifique revient aux nations. Mais pour la réalisation de cet idéal, l'unité de l'Église est pour tous les hommes une perpétuelle invitation, un vivant exemple, une source d'énergie indéfectible" [71].

d. Les activités qui viennent d'être décrites peuvent être appelées "courantes", en ce sens qu'elles concernent les chrétiens dans leur ensemble. Toutefois, parmi ces chrétiens, certains peuvent être appelés et amenés à des démarches de type "eschatologique", que l'on appellera aussi "utopiques" [72]. En effet, de même que la vocation à vivre les conseils évangéliques conduit certains fidèles à mener, dès ici-bas, une existence en parenté avec la condition de vie "eschatologique" du ciel, ainsi également — et *mutatis mutandis* — certains chrétiens peuvent être appelés à proclamer, à promouvoir et à vivre "dès aujourd'hui" des valeurs de paix, de justice, de réconciliation, de bonheur, qui sont annoncées dans les Écrits inspirés comme caractéristiques de la future communauté du ciel. Considérées hors des perspectives de la foi chrétienne, ces démarches seront dites "utopiques" : elles revendiquent en effet que soient réalisées *hic et nunc* , ici et maintenant, dans le monde actuel, la condition de l'idéal de paix, de justice, de concorde, considéré par les autres comme un objectif parfait, un "horizon", une "utopie" si l'on préfère.

Des chrétiens, un peu partout ici-bas, sont certainement appelés à se grouper en ce but, à se faire entendre, à interpeller leurs contemporains. Ceux-ci, en effet, chrétiens ou non, sont engagés dans les activités et les entreprises que nous appelions "courantes", et donc réalisées avec d'autres, aux motivations diverses, aux choix complexes, avec d'inéluctables compromis, comme en toute société démocratique, sociale, respectueuse des droits humains, soucieuse de ne pas enfreindre les limites de la compétence d'un État. Ces groupes de privilégiés doivent néanmoins garder une juste conscience de leur condition et de leur tâche. Des proclamations enflammées ne peuvent, à elles seules, résoudre les problèmes complexes de la vie quotidienne. Les uns *et* les autres ont un rôle à jouer, rôle valable et susceptible d'être animé par une charité parfaite.

e. Comme ces divers bienfaits du christianisme sont exprimés ici de manière très schématique, il convient de prévenir certains malentendus.

Tout d'abord, les valeurs signalées ci-dessus ne sont pas le monopole du catholicisme. Les Églises chrétiennes pourraient s'en prévaloir aussi. Et toutes les religions répondent également aux questions ultimes des humains en leur proposant des modèles éthiques et spirituels.

De plus, toutes les valeurs évoquées sont celles que le christianisme apporte à n'importe quel pays, à n'importe quel continent, et d'aucune façon à l'Europe comme telle, au continent européen comme tel. Tout au plus pourrait-on noter que l'Église catholique s'étant répandue au cours des deux premiers millénaires de manière prédominante en Europe, l'apport qu'elle représente concernera aussi de manière prédominante l'aire européenne. Mais cet apport n'est pas envisagé *en vue* de l'unification de l'Europe, pas plus qu'il n'est envisagé en vue de l'unification de l'Amérique centrale ou d'une autre région du globe.

Par ailleurs, on ne peut oublier que ces bienfaits ont eu leurs limites et leurs défaillances. Je pense, ce disant, à un cri de Hans Urs von Balthasar, en pleine Semaine des intellectuels catholiques de France (1963). Lorsque, disait-il "nous confrontons l'histoire du christianisme avec son idée primordiale, que cette comparaison nous est pénible ! Mon Dieu, non ! Ce n'est pas cela que le Christ a voulu dire, a voulu réaliser. Pas cette paix constantinienne, pas ce règne carolingien, pas ces croisades, encore moins cette guerre albigeoise, encore bien moins cette chrétienté déchirée en deux, trois, dix, cent lambeaux, et certes pas davantage ces théologies de manuel savantes et durcies, dressées les unes contre les autres, ni ce cléricalisme, ni ces méthodes missionnaires appliquées si longtemps, que les dégats semblent irrémédiables. Que de déchets, que de bévues, que de pertes de temps" [73]. Ce tableau souffre également d'une simplification évidente. Mais son auteur n'est pas un pamphlétaire.

Enfin, une certaine modestie est requise également : ceux qui n'ont pas suivi d'assez près l'évolution des idées dans la communauté ecclésiale catholique pourraient voir dans ces changements une entreprise habile de récupération.

L'œcuménisme, une récupération ? ... En effet, ceux qui ne vivent pas de près le brassage des idées que connut la communauté catholique au milieu de ce siècle ont eu quelque mal à comprendre l'ampleur des expressions d'œcuménisme manifestées au Concile Vatican II dès 1962 (nombreux observateurs assistant aux discussions conciliaires, *Décret sur l'œcuménisme*) comparées aux réticences du Vatican, encore en 1948, pour l'Assemblée d'Amsterdam qui décida de la constitution définitive d'un Conseil œcuménique des Églises. Après le Concile, nombre de non-chrétiens demandèrent aux œcuménistes catholiques ce qui expliquait cette volte-face ecclésiastique apparemment "récupératrice".

Les droits de l'homme, une récupération ? ... Ici également, les proclamations répétées par les hautes instances catholiques étonnent parfois les non-croyants, qui vivent encore sous l'impression des déclarations et des condamnations du Syllabus de Pie IX, en 1864, contre les "libertés modernes". Le contexte historique et doctrinal de ces déclarations permet d'en mesurer la visée exacte. Mais le grand public n'en connaît que les expressions les plus aiguës. Le *Document de travail*, 1, de la Commission pontificale "Iustitia et Pax" [74] reconnaît que "stimulée par la maturation de la culture civile moderne, l'Église a enrichi sa propre conception intégrale des droits de la personne humaine ... et c'est ainsi que, tout en condamnant les faux-droits, elle est passée d'un comportement de condamnation à un comportement positif et encourageant que le processus historique en cours soutient et rend encore plus valable" (n° 34).

4. SPIRITUALITE CHRETIENNE, STRUCTURES GLOBALES ET PROCESSUS GENERAUX

La réflexion sur le lien existant entre la "foi chrétienne" et l'"unité de l'Europe" est à situer en fin de compte à l'intérieur d'une perspective théologique plus vaste, celle des "structures globales" et des "processus généraux". En voici les traits dominants.

Tous les traités d'introduction à la sociologie décrivent, distinctes des réalités "individuelles", une série d'autres réalités — à savoir les systèmes, les structures, les groupements, les institutions, les régimes — qui seront appelées ici "structures globales". Celles-ci, certes, ne sont pas des "sujets" à l'instar des personnes. Et pourtant, elles sont l'expression concrète et variée d'un univers symbolique; elles sont un faisceau de normes, un éventail de valeurs, un réseau de modèles. A ce niveau, les cultures sont également des systèmes sociaux. Elles signifient alors "l'ensemble des institutions, considérées à la fois dans leur aspect fonctionnel et dans leur aspect normatif, en lesquelles s'exprime une certaine totalité sociale, et qui représentent, pour les individus appartenant à cette totalité, le cadre obligatoire qui façonne leur personnalité, leur prescrit leurs possibilités et trace en quelque sorte à l'avance le schéma de vie dans lequel leur existence concrète pourra s'insérer, par lequel elle pourra prendre une forme effective"[75].

C'est qu'en effet les "structures globales", qui sont le lieu d'une interaction permanente entre les données "personnelles" et les facteurs "collectifs", sont également la source d'une influence qui émane réellement d'elles, en tant que distinctes des personnes qui les créent, les dirigent, les transforment, les dominent. Le "comment" de cette action est étudié par les sciences humaines, par la sociologie en particulier, lorsqu'elle aborde l'analyse macrosociologique des ensembles sociaux.

Et cette analyse conduit à rappeler que ces "structures" sont à penser en termes de *processus* . Qu'il s'agisse de l'État, de l'économie ou de la culture, "dans la réalité, il s'agit de domaines de l'action pratique qui sont historiquement vivants et dépendants les uns des autres, dans lesquels ce ne sont pas des structures données d'avance qui sont à garder, mais des processus structurels qui doivent être soumis à des règles", faisait observer J. Moltmann dans *L'Église dans la force de l'Esprit* [76]. Et même, ajoutait-il, aujourd'hui, en notre époque où l'on reconnaît l'inter-dépendance croissante de tous les peuples et de toutes les sociétés, les processus politiques, économiques et culturels auxquels le chrétien est confronté sont devenus des processus mondiaux, tandis que "les progrès non simultanés et égoïstes dans les différentes dimensions ont fait tomber le monde aujourd'hui dans une crise globale" (p. 219).

L'unification de l'Europe fait partie de ces processus structurels, dont on se demande aussi quel lien ils entretiennent avec le message chrétien et, pour conserver les perspectives des processus, avec l'histoire du salut. En d'autres termes, que sont-ils aux yeux de la foi, comme moyen de sanctification, comme exercice de la charité et de l'espérance théologales, et même comme composante du "culte" chrétien ?

On constatera aisément en quoi ce genre de réflexion "théologique" est susceptible aussi de constituer un fondement doctrinal à ce qui est "spécifique" dans la "spiritualité" de ceux qui sont engagés professionnellement au service des "structures globales" et des "processus généraux" [77]. "Spécifique", c'est-à-dire donnant une coloration particulière, des nuances propres, à ce qui est "essentiel" dans la spiritualité de tous les disciples du Christ.

Le regard de la foi

L'histoire du salut, au regard de la foi, c'est la Création et la grâce, c'est le péché en toutes ses dimensions, c'est la Rédemption personnelle et cosmique, c'est enfin le plein accomplissement dans le Royaume.

La Création et la grâce. - "Même si la manière de s'exprimer de la Bible rapporte directement à Dieu le gouvernement des choses, disait le pape Jean-Paul II, la différence entre l'action de Dieu créateur comme Cause première et l'activité des créatures comme causes secondes demeure cependant suffisamment claire. Nous rencontrons ici une question qui tient beaucoup à cœur à l'homme moderne : celle relative à l'autonomie du créé et donc au rôle d'artisan du monde que l'homme entend assumer ... En participant, comme sujet rationnel et libre, mais toujours cependant en tant que créature, au *dominium* du Créateur sur le monde, l'homme devient, en un certain sens, '*providence*' pour lui-même, selon la belle expression de saint Thomas" [78]. On se rappelle, en ce moment, ce que Vatican II disait de l'ensemble de l'ordre temporel : "... la culture, les réalités économiques, les métiers et les professions, les institutions de la communauté politique, les relations internationales et les autres réalités de ce genre, leur évolution et leur progrès, n'ont pas seulement valeur de moyen par rapport à la fin dernière de l'homme. Ils possèdent une valeur propre, mise en eux par Dieu même ... 'Et Dieu vit tout ce qu'il avait fait et c'était très bon' (Gen.1,13)" (*Décret sur l'apostolat des laïcs* ,7).

Le péché en toutes ses dimensions. - Il opère au cœur des personnes et dans les mécanismes et les activités de toutes les institutions et structures. Les nombreux bilans de la société européenne et occidentale que nous avons cités plus haut suffisent à illustrer cet aspect ténébreux de l'existence.

La Rédemption personnelle et cosmique. - Elle est appelée à deux niveaux. D'abord, celui de ce qui est "humain" : dans tous les domaines où l'être humain est engagé, la requête "éthique", universellement relevée aujourd'hui, en indique l'enjeu; et le souci des "droits de l'homme", sorte de nouvel éthos international, domine actuellement cet univers symbolique si vaillamment proclamé et si fréquemment bafoué. Ensuite, le niveau de ce qui est "chrétien" : dans tous les domaines aussi où l'être chrétien est en cause, depuis la malice la plus profonde jusqu'à la déviance la plus répandue. Et le thème du "salut intégral", unissant l'humanisation et la sanctification, anime à notre époque l'idéal missionnaire des disciples du Christ, même si des lacunes de tout genre et de toute origine l'affectent et le desservent. Quant à la réalisation concrète de cette Rédemption, il en a été question en I, 3.

Le plein accomplissement dans le Royaume. - En effet, "ces valeurs de dignité, de communion fraternelle et de liberté, tous ces fruits excellents de notre nature et de notre activité, que nous aurons propagés sur cette terre selon le commandement du Seigneur et dans son Esprit, nous les retrouverons plus tard, mais purifiés de toute souillure, illuminés, transfigurés, lorsque le Christ remettra à son Père 'un royaume éternel et universel : royaume de vérité et de vie, royaume de sainteté et de grâce, royaume de justice, d'amour et de paix'. Mystérieusement, le Royaume est déjà présent sur cette terre; il atteindra sa perfection quand le Seigneur reviendra" (*Gaudium et spes*, 39).

En s'exprimant de manière plus formelle concernant l'impact des "structures globales" (au sens général de structures, systèmes, cultures, institutions, régimes, etc), on pourrait conclure ici :
    a) l'influence des "structures globales" peut s'exercer en une
       bonne harmonie avec l'Agir de l'Esprit en ce monde. Elles

portent alors des "fruits spirituels". Et de semblables fruits sont, par rapport à cet Agir, comme un reflet, comme une traduction. Ou encore, si l'on se place du point de vue de la fin ultime, comme une anticipation : pas seulement une prolepsis au sens de prénotion ou image chercheuse en quête d'une connaissance plénière, mais une ébauche, une amorce réelle, un signe consistant, une authentique inchoation.

b) mais l'influence des "structures globales" peut également se trouver en une certaine discordance avec l'Agir de l'Esprit en ce monde. Elles engendrent alors une régression ou une stagnation. Une régression plus ou moins caractérisée : ralentissement, freinage, divergence, opposition. A ce propos, face aux "fruits de l'Esprit", saint Paul dénonce quelques "œuvres de Chair", visant par là toute activité qui s'écarte de la mouvance spirituelle de Dieu, qui se déploie à contre-courant du dynamisme de l'Esprit. Une stagnation. Car l'histoire est devenir, mouvement. Tout "processus structurel" nous engage dans l'épopée humaine universelle. La "vie" qui est en Dieu tend à se répandre, à se donner, à s'épanouir : elle est l'efflorescence inépuisable de sa Bonté.

Les "moyens" de sanctification

Peut-on établir un lien entre l'action entreprise sur les "structures globales" et la sanctification des "personnes" qui y sont engagées ? Certainement. Une réflexion sur ce sujet pourrait se développer comme suit. L'universalisme du dessein salvifique de Dieu est reconnu. Mais le thème des médiations humaines porteuses de la sainteté divine paraît plus délicat à présenter. Certes, on reconnaît unanimement que l'action salvatrice de Dieu dans le monde ne s'effectue pas sans passer par quelque médiation, qu'on appelle moyen, instrument, voire relais. Mais quelles médiations ? L'Église, bien sûr, qui est le moyen général du salut, *generale auxilium salutis* [79]. Et puis ? A-t-on ainsi épuisé la question ? A-t-on fait le relevé de toutes les médiations donnant corps ou forme à l'Action sanctifiante de Dieu ? Comment explique-t-on, par exemple, l'antique adage : "la sanctification par le devoir d'état" ou un autre : "la sanctification du moment présent" ? En fait, on en arrive bientôt à reconnaître qu'il est des médiations personnelles, collectives, structurelles, aussi bien séculières que religieuses. Ici, nous nous en tenons aux "structures globales" de nature "séculière".

Pour être moyen, instrument, relais de l'Action salvifique de Dieu, les "structures globales" doivent exercer une influence qui soit en harmonie suffisante avec les orientations qui viennent de la volonté du Père, des enseignements du Christ, des vœux de l'Esprit. Cette position doctrinale est explicitée plus haut (I, 3) sous le titre "L'unique dessein de Dieu".

Alors, l'Action sanctifiante de l'Esprit du Seigneur advient-elle "malgré", ou "dans", ou "par" ces "structures globales" ?

On répondra "malgré" ces structures globales lorsque celles-ci, même si elles ont pu être authentiquement humaines dans leur intention ou dans leur origine, en sont arrivées à des déviances telles qu'elles détournent de Dieu au lieu d'être "ouvertes" à une Transcendance et qu'elles portent des fruits de haine, de destruction, d'irréligion.

On répondra "dans" ces structures globales, dans la mesure où l'on s'entend à reconnaître que toute personne et tout groupe humain se développent au cœur de semblables structures, et que celles-ci incarnent normalement, en réalité, telles ou telles valeurs menant à vouloir vivre en harmonie avec la volonté de Dieu explicitée dans les enseignements du message chrétien. Si bien que l'on croit pouvoir estimer que l'Action divine sanctifiante rayonne, non point à côté d'elles, mais "en" elles.

On répondra "par" ces structures globales, dans la mesure où leurs éléments constitutifs et surtout les résultats obtenus par leurs entreprises multiformes (résultats d'ordre éthique, humanitaire, doctrinal, etc.) incarnent des valeurs en "parenté", en "harmonie" avec celles que les disciples du Christ appellent "chrétiennes".

En réfléchissant à ces normes assez formelles et à leur application, on sera confronté à diverses difficultés, dont les deux suivantes.

D'abord, toute "structure globale" est étonnamment multiple et complexe. En effet : a) chaque type de structure globale est un ensemble résultant d'un nombre considérable d'éléments constitutifs; b) chacun de ces éléments agit et "fonctionne" de manière diverse au cœur de ces structures globales; c) chacun de ces éléments peut, au cours des temps, évoluer et orienter diversement; d) chacun de ces éléments est aussi, en permanence, affecté par les mille et unes variations d'ordre psychologique et subjectif des personnes qui vivent au cœur de ces structures. Alors, comment recueillir et rassembler en réseau l'ensemble de ces influences, en vue de mesurer leur impact sur le comportement des personnes ? C'est pourtant à cette aporie que l'on est conduit. Car malgré cette difficulté considérable, un impact existe inévitablement, une orientation est donnée inéluctablement.

De plus, au moment où il est question de porter un jugement de valeur sur des attitudes et des initiatives censées "chrétiennes", on pourra constater que ce critère n'est pas aussi clair qu'on le pourrait croire. Ainsi, par exemple, lorsqu'il sera question de "structure globale" du pouvoir, de l'État, du régime, il faudra choisir entre les défenseurs des Rois très chrétiens et les promoteurs d'une laïcité réellement "ouverte", et présenter la justification de son choix. Dans d'autres cas, les divergences seront moins abruptes; mais celle-ci illustre bien le problème évoqué.

L'exercice de la charité théologale

Comment douter qu'un lien existe entre l'action sur les "structures globales" et la croissance de la charité, du moins lorsque celle-ci obtient sa pleine ampleur et toutes ses dimensions.

Car aimer Dieu, c'est le connaître et le re-connaître, être à l'écoute de sa parole, prendre conscience de son Agapè rayonnante, faire l'expérience de sa Présence, prendre part à un culte commun à sa louange, se conformer à ses préceptes et à ses vœux, être membre de la communauté de ses disciples, partager avec les autres, tous les autres, la découverte de sa Vie, de son Amour, de son Alliance ...

Et aimer le prochain, c'est vouloir et réaliser — dans le cadre de sa vocation et compte tenu de la division du travail — tout ce qui peut conduire la communauté humaine à croître plus belle, plus honnête, plus solidaire, plus croyante, selon l'Esprit et dans la fructification multiforme de ses dons. Et dans tous les secteurs. Celui de la communion de vie avec Dieu. Celui des valeurs éthiques : dignité de toute existence humaine, liberté et justice, amour de la paix et de la réconciliation, solidarité et non-attachement aux richesses, maîtrise de soi. Celui des valeurs politiques et économiques, dans l'existence responsable de chacun et dans les systèmes globaux. Celui des valeurs socio-culturelles, comme l'alphabétisation, le savoir, la profession et les loisirs. Celui, enfin, des biens vitaux, comme la santé, l'habitat et le vêtement, la nourriture et l'environnement, le niveau de vie.

La charité se déploie en éventail selon toutes les dimensions de l'existence humaine. Certes, aujourd'hui, de nombreux chrétiens privilégient volontiers les manifestations de charité individuelles, chaleureuses, par relations courtes. Et peut-être se sent-on moins attentif et moins porté à se consacrer à la forme collective et même politique de cette vertu, parce que ce genre d'activité est plus abstrait, global, sans contact immédiat, livré à une efficacité éventuelle et à long terme. Or, la charité appelle aussi des engagements de format plus ou moins grand : bien régir l'ensemble des communautés locales ou nationales, prendre part à une conciliation laborieuse entre certains milieux, œuvrer à l'établissement de conditions indispensables à la justice ou à la paix, assurer la direction générale de la lutte contre diverses formes d'oppression culturelle ou sociale, organiser une aide internationale pour la santé ou contre la famine, etc. Il serait dommageable de ne pas accorder à ces formes d'authentique charité l'estime juste qu'elles méritent.

Recevant un groupe de parlementaires de Belgique, le Pape Jean-Paul II leur rappelait ces paroles de Pie XI : "Le domaine de la politique, qui regarde les intérêts de la société tout entière ..., est le champ le plus vaste de la charité, de la charité politique, dont on peut dire qu'aucun autre ne lui est supérieur, sauf celui de la religion" (dans DC 1986,1020). C'est le 28 décembre 1927 que Pie XI s'exprimait ainsi, devant les membres de la Fédération universitaire italienne, et c'est ce discours là qui est régulièrement repris par les papes.

Dans un ouvrage consacré à la "nouvelle Pentecôte" et au renouveau charismatique [80], le cardinal L. Suenens rappelle que l'Esprit-Saint "parle à travers toute l'histoire des hommes, ... est à l'œuvre en tout effort qui tend à plus de lumière, plus de sincérité, de rapprochement, de paix... il n'est pas seulement l'âme de l'Église, il est l'âme du monde" (p.196). Bref, le Saint-Esprit "nous demande de comprendre nos devoirs de chrétiens en toutes leurs dimensions, non seulement personnelles ou familiales, mais aussi professionnelles, sociales, politiques, tant au plan local que mondial. Aujourd'hui, comme l'écrivait J.M. Domenach, 'les grands choix de la charité collective s'expriment en termes de décisions politiques' " (p. 197).

P. Ricœur consacre quelques études à ce thème [81]. Dans «Le Socius et le prochain», il décrit la rencontre des "relations 'courtes' de l'homme à l'homme (les relations avec le prochain) avec les relations 'longues' à travers les institutions et les appareils sociaux (relations au socius)" (p. 114). Il importe, insiste-t-il, de "rester attentif à l'envergure historique de la charité... Bien souvent, en effet, la voie 'longue' de l'institution est le cheminement normal de l'amitié : la lettre, la machine de transport, toutes les techniques des relations humaines rapprochent les hommes ... Il faut même aller plus loin : l'objet de la charité n'apparaît bien souvent que quand j'atteins, dans l'autre homme, une condition commune qui prend la forme d'un malheur collectif : salariat, exploitation coloniale, discrimination raciale; alors mon prochain est concret au pluriel et abstrait au singulier ... Qu'est-ce penser 'prochain' dans la situation présente ? Ce peut être justifier une institution, amender une institution ou critiquer une institution" (106-107).

Certes, reconnaît P. Ricœur, "dans un monde où le travail est de plus en plus divisé et, en ce sens là, de plus en plus abstrait, nous cherchons de plus en plus hors du travail et de l'obligation sociale la chaleur et l'intimité des vrais échanges personnels, des vraies rencontres" (p. 107). Mais on oublie peut-être trop, à ce moment, qu'il n'y a "de vie privée que protégée par un ordre public; le foyer n'a d'intimité qu'à l'abri d'une légalité, d'un état de tranquillité fondé sur la loi et sur la force et sous la condition d'un bien-être minimum assuré par la division du travail, les échanges commerciaux, la justice sociale, la citoyenneté politique. C'est l'abstrait qui protège le concret, le social qui institue l'intime. Or, il est illusoire de vouloir transmuter toutes les relations humaines dans le style de la communion" (p. 107).

C'est donc en étant animés spirituellement par une charité théologale "planétaire" que les responsables des innombrables "structures globales" européennes peuvent œuvrer inlassablement en celles-ci, sous toutes leurs formes. En ces moments, ils sont en acte d'une authentique charité.

Dans l'élan de l'espérance théologale

La théologie du politique s'est développée aussi sous le signe de l'espérance. En réplique-dialogue avec l'essai de Ernst Bloch *Prinzip Hoffnung* (1954-1955), livre d'inspiration marxiste et évoquant comme avenir de l'être humain et de la communauté humaine une "patrie de l'identité réussie", Jurgen Moltmann publia une *Theologie der Hoffnung* (1964) [82], qui a connu de très nombreuses éditions et traductions. L'ouvrage, en vue de nous présenter un autre "avenir" que celui de E. Bloch, nous situe d'emblée en pleine "eschatologie chrétienne", au cœur de la promesse du Seigneur ressuscité; puis, jetant un regard sur notre monde en devenir, il en donne une interprétation chrétienne, une "compréhension eschatologique". Cette histoire, explique-t-il, c'est l'œuvre d'hominisation intégrale qui se poursuit à la lumière et dans l'attente du Royaume : elle est portée par cette espérance.

Semblable horizon d'espérance eschatologique, on le pressent, fonde et requiert un accueil foncier de tout chrétien dans un engagement ferme au cœur des processus multiformes - politiques, culturels, sociaux, économiques − qui constituent l'histoire de la société humaine. La communauté chrétienne, explique J. Moltmann, "fait entrer la société avec laquelle elle vit dans son horizon d'attente − l'accomplissement eschatologique de la justice, de la vie, de l'humain et du social − afin de lui communiquer, dans ses propres décisions historiques, une ouverture, une disponibilité et une élasticité en vue de cet avenir" (p. 353). Puis, il résume la tâche à laquelle sont appelés les chrétiens. "On ne peut pas simplement espérer la seigneurie à venir du Christ ressuscité : cette espérance et cette attente façonnent en outre la vie, l'action et la souffrance, dans l'histoire de la société. L'envoi [la "mission"] ne consiste donc pas seulement à répandre la foi et l'espérance, mais aussi à promouvoir une transformation historique de la vie. La vie corporelle, et avec elle également la vie sociale et publique, est 'attendue' en sacrifice, dans l'obéissance quotidienne (Rm 12,1 ss). Ne pas se conformer à ce monde, cela ne veut pas uniquement dire : se transformer en soi-même, mais cela veut dire : transformer, par sa résistance et par son attente créatrice, la forme du monde où l'on croit, où l'on espère et où l'on aime. L'espérance de l'Évangile a une relation polémique et libératrice non seulement avec les religions et les idéologies humaines, mais bien davantage avec leur vie concrète et pratique, et avec les conditions extérieures dans lesquelles cette vie se déroule ... L'espérance chrétienne soulève la 'question du sens' dans une vie institutionnalisée, parce qu'elle est en effet incapable de s'accommoder de telles conditions... Elle aspire effectivement à d'autres institutions. Et elle ouvrira ces [autres institutions] en direction de l'avenir espéré d'elle" (p. 355-356). Nous sommes en plein cœur des "structures globales".

Puis, J. Moltmann évoque la multiplicité des «professions» humaines qui incarnent la "vocation", l'appel de chaque chrétien. "La *vocation* selon le Nouveau Testament est unique, ... et son but eschatologique est l'espérance à laquelle Dieu appelle. Les *professions*, en revanche, sont historiques, changeantes, transformables, limitées dans le temps; en embrassant une profession, on doit donc lui donner forme dans le sens de la vocation, de l'espérance et de l'amour" (p. 359). Mis en présence d'une institution, le chrétien, dans la lumière de l'eschatologie, perçoit l'inadéquation des situations, souffre des imperfections structurelles, et, animé par l'espérance et l'attente eschatologique, il s'efforce de faire progresser ces institutions dans le sens des valeurs parachevées dans le Royaume. Sa vie sera ainsi pour les institutions un "accompagnement créateur". Semblable accompagnement «ne saurait consister à s'adapter et à conserver l'ordre juridique et social établi, voire même à produire un arrière-plan religieux pour le donné. Il doit plutôt consister à percevoir théoriquement et pratiquement la structure *historique* de la réalité à mettre en ordre, c'est-à-dire son déroulement et son processus, et à discerner ainsi en elle le possible et le futur... Un tel 'accompagnement créateur' — animé par un amour qui fonde une communauté, établit un droit et réalise un ordre — est rendu possible, dans un sens eschatologique, par la perspective de l'espérance chrétienne vers l'avenir du Royaume de Dieu et de l'homme : il est la seule manière de se conformer ici-bas dans l'histoire à la réalité promise qui vient" (p. 360-361).

Voilà le souffle et l'élan de l'espérance théologale au cœur de l'engagement dans les structures globales [83], telles les structures européennes.

Une composante du "culte" chrétien

Et le "culte" ? Peut-on parler d'un "culte" lorsqu'il est traité de "structures globales" séculières ?

Le terme culte évoque tout d'abord la louange, l'adoration, la soumission, l'action de grâces, soit vécues au fond du cœur soit exprimées visiblement dans des paroles, des rites, une liturgie. En régime chrétien, l'on cite alors l'oraison et la prière sous ses nombreuses formes, les sacrements et les célébrations liturgiques. Semblable "culte", lié en fait à des médiations de nature "religieuse", jouit d'une précellence certaine, d'une haute densité spirituelle, d'une portée signifiante immédiate. De soi, pourrait-on dire, le contact avec Dieu est établi.

La révélation chrétienne, cependant, nous parle également d'un "culte spirituel", à savoir "en l'Esprit", et qui jaillit de l'existence chrétienne tout entière, en toutes ses dimensions, en tous ses secteurs. La constitution *Lumen gentium*, 34, à Vatican II , l'explicite comme suit. Parlant de tous les fidèles laïcs et de leur "sacerdoce commun", elle précise : "Toutes leurs activités, leurs prières et leurs entreprises apostoliques, leur vie conjugale et familiale, leurs labeurs quotidiens, leurs détentes d'esprit et de corps, s'ils sont vécus dans l'Esprit de Dieu, et même les épreuves de la vie, pourvu qu'elles soient patiemment supportées, tout cela devient 'offrandes spirituelles agréables à Dieu par Jésus-Christ' (1 P 2,5); et dans la célébration eucharistique ces offrandes rejoignent l'oblation du Corps du Seigneur pour être offertes en toute piété au Père. C'est ainsi que les laïcs consacrent à Dieu le monde lui-même, rendant partout à Dieu dans la sainteté de leur existence un culte d'adoration".

Ce passage de *Lumen gentium* est particulièrement éclairant. Explicitant la doctrine du "sacerdoce commun" de tous les baptisés, détaillant les formes diverses que revêt le "culte spirituel" qui en découle, il élargit celui-ci à l'entièreté de l'existence du fidèle laïc, existence qui est dans une large mesure de nature "séculière". La matière, si l'on peut dire, de ce culte "en l'Esprit", ce sont bien sûr les prières et les entreprises apostoliques, mais aussi le travail quotidien, les loisirs, la vie conjugale, la vie familiale. Tout en conservant leur nature séculière, tout en poursuivant l'obtention de la finalité séculière qui leur est propre et intrinsèque (travailler, se distraire, vie d'époux, vie de famille), ces activités, lorsqu'elles sont vécues dans l'Esprit, sont un "culte", sont une "offrande spirituelle agréable à Dieu". Et ce culte, parfaitement réel, authentique et consistant par lui-même, obtient une plénitude d'accomplissement lorsqu'il est intégré dans la médiation religieuse par excellence que constitue la célébration eucharistique, sommet du culte chrétien.

A ce propos, les théologiens médiévaux proposaient une distinction qui fera mieux comprendre l'ouverture qui sera faite ensuite concernant le "culte spirituel" lié aux "structures globales". Ces théologiens distinguent une glorification *ontologique* de Dieu et une glorification *formelle*. Par glorification ontologique, ils entendaient celle qui est incluse dans la perfection *propre* d'un être et son activité par rapport à sa finalité *immédiate* ("couper" quand il s'agit d'un couteau). Sans cette condition, un acte de glorification formelle et explicite (déposer le couteau sur la patène à l'offertoire), tout en vérifiant un aspect cultuel ou liturgique valable, peut se révéler partiellement illusoire, creux : le contenu existentiel et séculier de semblable louange n'est pas suffisamment "consistant". Ces théologiens médiévaux disaient, en ce sens : il ne peut y avoir de bonne (*debita*) relation avec la Fin *ultime* qu'en passant par l'obtention de la fin *immédiate* requise en chaque démarche humaine; et cette fin immédiate par laquelle une démarche humaine est orientée vers la Fin ultime ou "ordonnée" à elle, c'est cette activité même, et quand elle est parfaite [84].

Semblable glorification ontologique, à savoir dans l'être et dans l'activité *propres* à une réalité, convient très bien, semble-t-il, à toutes les formes de "structures globales". Les sociologies générales s'expriment abondamment sur la "nature" (être, ordonnance, etc.) de ces "structures globales", sur les activités et les conditions d'activité de celles-ci, et également sur leur "finalité" immédiate : l'être humain, le genre humain, le bien commun. A travers les innombrables discussions qui peuvent être et sont suscitées par chacun des termes employés à ce propos, la ligne fondamentale demeure. Actuellement, "parce que les liens humains s'intensifient et s'étendent peu à peu à l'univers entier, le bien commun, c'est-à-dire cet ensemble de conditions sociales qui permettent, tant aux groupes qu'à chacun de leurs membres, d'atteindre leur perfection d'une façon plus totale et plus aisée, prend aujourd'hui une extension de plus en plus universelle, et par suite recouvre des droits et des devoirs qui concernent tout le genre humain", lit-on dans *Gaudium et spes* , 26, qui poursuit : "L'Esprit de Dieu qui, par une providence admirable, conduit le cours des temps et rénove la face de la terre, est présent à cette évolution".

Tous ceux qui œuvrent directement ou indirectement à la bonne ordonnance, à l'activité saine, honnête, juste, humanisante de telle ou telle "structure globale", se situent donc, à nos yeux de chrétiens, dans la mouvance de l'Esprit. Ils peuvent ainsi donner à leur vie croyante une dimension "planétaire" qui convient très bien à leur idéal et à leurs activités.

Ce "culte spirituel", efflorescence du "sacerdoce commun" des fidèles, explique Mgr G. Philips en commentant *Lumen gentium*, 34, est une participation au sacerdoce du Christ. On pourra donc, précise-t-il, "la qualifier de sacerdotale et de spirituelle, mais sous aucune condition de 'cléricale' "[85]. Cette mise au point n'est pas inutile. Elle vise la manière dont les chrétiens se représentent la "louange" exprimée par le pouvoir civil. Dans un document préparatoire au Concile Vatican II, on pouvait lire : "Les devoirs envers Dieu obligent envers la Majesté divine, non seulement chacun des citoyens, mais aussi le Pouvoir civil. La Société civile doit donc honorer et servir Dieu. Quant à la manière de servir Dieu, ce ne peut être nulle autre, dans l'économie présente, que celle que Lui-même a déterminée, comme obligatoire, dans la véritable Église du Christ et cela, non seulement en la personne des citoyens, mais également en celle des Autorités qui représentent la Société civile". Compte tenu des transformations de perspectives reçues aujourd'hui sur la compétence propre de l'État, la situation de pluralisme, la démocratie, etc..., on verra plutôt la "louange" de Dieu impliquée dans la bonne ordonnance du Pouvoir politique, dans la justesse de ses décisions, l'honnêteté de ses initiatives en vue du bien commun, voire dans son effort à vérifier toutes les conditions d'une authentique laïcité "ouverte". Dans la même ligne de pensée que Mgr G. Philips, P. Ricœur écrivait : "la rédemption emprunte la voie tortueuse des magistratures instituées par Dieu, non point quand elles sont cléricales, mais lorsqu'elles sont justes" [86].

IV. LA COLLABORATION ET SA MISE EN ŒUVRE

1. LES APPELS ET LEURS IMPLICATIONS THEOLOGIQUES

Les appels

L'appel à la collaboration entre chrétiens et personnes «de bonne volonté» est courante. On en trouve des exemples dans des Lettres épiscopales, des allocutions ou des conférences.

Le *Décret sur l'apostolat des laïcs*, 27, encourage cette collaboration. "Le patrimoine évangélique commun, et le devoir commun qui en résulte de porter un témoignage chrétien, recommandent et souvent exigent la coopération des catholiques avec les autres chrétiens; cette collaboration peut être le fait des individus et des communautés ecclésiales et concerner la participation soit à des activités, soit à des associations, sur le plan national ou international. Les valeurs humaines communes réclament aussi de la part des chrétiens qui poursuivent des fins apostoliques une coopération de ce genre avec ceux qui ne professent pas le christianisme mais reconnaissent ces valeurs. Par cette coopération dynamique et prudente, particulièrement importante dans les activités temporelles, les laïcs apportent un témoignage au Christ Sauveur du monde et à l'unité de la famille humaine".

Ceci concerne la collaboration de catholiques avec d'autres personnes ou associations, en général et de manière globale.

Parmi les documents relatifs à l'Europe, l'un des plus systématiques — si l'on peut user de ce qualificatif — est la conférence du cardinal G. Benelli intitulée *Contribution de l'Église et des chrétiens à l'édification d'une nouvelle Europe* (Journée européenne, Ottobeuron, 19 septembre 1977) (DC 1977, 1038-1042, cit. 1041). A propos de la contribution de l'Église, il précise :
"L'Église catholique — Pape, évêques et laïcs en communion avec lui — ne s'arroge ni n'a aucunement l'intention de s'arroger une hégémonie dans l'action en faveur de l'édification d'une Europe unie. Il appartient à toutes les Églises chrétiennes, quelle que soit

leur dénomination, d'apporter leur contribution à la réalisation du rêve d'unité, en vertu du message évangélique et des réalités de l'histoire de l'Europe... Les Églises en Europe ont à ce sujet une grande responsabilité : alimenter un profond respect réciproque, rechercher une pleine compréhension, poursuivre dans la clarté et la confiance le chemin vers la re-composition de l'unité; c'est un grave devoir, qui s'impose à tous les chrétiens, catholiques et non-catholiques.

"Au surplus, dans toute action en faveur d'une nouvelle Europe, les chrétiens se savent solidaires également des hommes et des femmes qui, sans partager leurs convictions religieuses, se sentent pourtant interpellés par les mêmes problèmes et croient dans la valeur irremplaçable de l'homme, dans sa responsabilité envers les autres, en justice et compréhension mutuelle, dans ses finalités éthiques et dans la solidarité entre tous".

En juin 1977, les présidents des Conférences épiscopales des pays de la Communauté européenne signèrent une Déclaration qui invitait à "œuvrer au service de l'Europe" (DC 1977,664-666). Reprenant ce thème à l'occasion des élections du Parlement européen en avril 1979, ils précisaient notamment : "L'union européenne — qui peut prendre des visages divers — ne se réalisera pas sans un esprit d'ouverture et de fraternité, de respect et d'accueil vis-à-vis des autres, de leurs personnes, de leur manière de penser, de sentir et d'agir. La reconnaissance vraie des autres et la volonté de collaborer avec eux impliquent toujours des renoncements, des sacrifices, des changements de mentalité, moyens et condition de la vraie liberté des enfants de Dieu. Nous croyons les Européens capables de le comprendre, en vue du plus grand bien de tous. Les jeunes, en particulier, nous provoquent souvent sur ce point" (DC 1979,434).

D'année en année, les appels et déclarations en ce sens sont régulièrement répétés. En ce qui concerne la concertation et les actions en commun, les relations sont entretenues régulièrement au niveau des Églises particulières et de leurs autorités (CCEE et KEK notamment). Elles sont moins apparentes, et plus délicates sans doute, au niveau des autorités supérieures des Églises chrétiennes. On a pu s'en rendre compte en entendant les appels à prier "ensemble" et à œuvrer "ensemble" dans l'homélie du pasteur M. Hoeffel lors de la visite du Pape Jean-Paul II à Strasbourg le 9 octobre 1988 (DC 1988,1023-1024).

Le Seigneur ressuscité anime cette collaboration

Toutes ces formes de collaboration n'entraînent-elles pas les disciples du Christ à agir de manière moins "chrétienne", à être moins "chrétiens", puisqu'elles leur demandent, dit-on, de "mettre leur foi en poche" ? Comment peuvent-ils vivre en "pleine cohérence" avec le message révélé ? De fait, la question est parfois posée, et elle demande quelques mises au point.

a. Tout d'abord, et là se trouve sans doute l'essentiel de la réponse, on ne peut oublier que le Seigneur ressuscité peut animer et sanctifier des personnes qui ne se présentent pas comme chrétiennes, voire qui refusent de l'être parce qu'elles ne perçoivent pas que Jésus-Christ ou l'Église sont «crédibles». La constitution *Lumen gentium* du Concile Vatican II, résumant la doctrine courante de l'Église, l'exprime de manière un peu compacte mais significative : "Ceux qui, sans qu'il y ait de leur faute, ignorent l'Évangile du Christ et son Église, mais cherchent pourtant Dieu d'un cœur sincère et s'efforcent, sous l'influence de sa grâce, d'agir de façon à accomplir sa volonté telle que leur conscience la leur révèle et la leur dicte, ceux-là peuvent arriver au salut éternel". Puis : "A ceux-là mêmes qui, sans faute de leur part, ne sont pas encore parvenus à une connaissance expresse de Dieu, mais travaillent, non sans la grâce divine, à avoir une vie droite, la divine Providence ne refuse pas les secours nécessaires à leur salut" (n. 16). La même doctrine apparaît encore, par exemple, dans *Gaudium et spes*, 22, ainsi que dans le *Décret sur l'activité missionnaire de l'Église*, 9.

Ceci ne signifie pas "le salut sans peine" ni la "sanctification au rabais", au profit de tous ceux qui ne sont pas membres de l'Église du Christ. Pour tous, chrétiens ou non, est requise une volonté sérieuse de se conformer à la volonté de Dieu. Cela dit, cette "possibilité" de salut ne peut être comprise comme si Dieu attendait la dernière seconde de la vie de ces non-chrétiens droits et honnêtes pour leur accorder la grâce : celle-ci leur advient, qu'ils en soient conscients ou non, dès que les conditions de rectitude foncière du vouloir sont présentes, et elle peut croître et s'épanouir.

Appliquant ces principes à des attitudes et à des engagements concrets de non-chrétiens dans le domaine social ou politique, peut-on dégager un critère général d'appréciation de ces activités ? Compte tenu de ce qui est requis du chrétien lui-même en matière de charité à l'égard du prochain, on peut proposer ceci : un non-chrétien, dans la mesure où il a une existence féconde en œuvres et en démarches "semblables", "analogues" à celles qui sont requises d'un chrétien, peut être et doit être considéré comme animé par le dynamisme du Seigneur ressuscité et obtenant de l'Esprit une croissance en vie "spirituelle". Et ce, même s'il ignore ces vérités du message chrétien, même s'il refuse ce genre d'interprétation de ses activités.

Dans *Une nouvelle Pentecôte ?* [87], le cardinal Suenens décrit l'œuvre de l'Esprit dans l'Église et notamment dans le mouvement du renouveau charismatique; mais il ne monopolise pas l'Esprit pour celui-ci. Dans un chapitre IX, il aborde l'œuvre de l'Esprit dans le monde. "L'Esprit, écrit-il, ne parle pas seulement dans le silence de la prière. Il parle à travers toute l'histoire des hommes. A chaque génération il tient un langage nouveau. A la nôtre, il parle à travers le prodigieux enrichissement du savoir humain, à travers la recherche angoissée et tâtonnante de l'homme confronté avec des problèmes qui ne sont plus à l'échelle humaine; à travers les questions que suscite le progrès même des sciences, et qui font trembler, en raison de leurs conséquences possibles, les maîtres de l'énergie nucléaire et des bombes atomiques. L'Esprit-Saint — connu ou inconnu — est à l'œuvre en tout effort qui tend à plus de lumière, plus de sincérité, plus de rapprochement, de paix entre les hommes... L'Esprit créateur est présent au sein de toute sa création. Car il n'est pas seulement l'âme de l'Église, il est l'âme du monde, en activité, dans tout effort de renouveau du monde" (p. 196).

Tout ceci permet de s'approcher plus adéquatement encore de situations concrètes. Lorsqu'un non-chrétien "pardonne" à un adversaire le mal que celui-ci a fait, lorsqu'un non-chrétien "vient en aide à un pauvre" et l'encourage, lorsqu'un non-chrétien "soigne un malade" avec dévouement, lorsqu'un non-chrétien passe son existence à "œuvrer pour la réconciliation" des individus et des peuples, lorsque ... et l'on pourrait multiplier les exemples, à ce moment, le Seigneur ressuscité "est" au cœur de ces actes, l'Esprit de Dieu les "anime", bref, ces actes sont accomplis "dans le Christ" aurait dit saint Paul. Même si ce non-chrétien ignore tout du christianisme, même si ce non-chrétien rejette le christianisme, parce que celui-ci ne lui paraît pas "suffisamment crédible", comme l'explique notre apologétique classique.

S'ajoute à cela que les non-chrétiens qui "pardonnent", "aident", "soignent", etc. soutiennent avec vigueur que ces actes ont leur source, et leur source unique, dans leur "humanité", dans leur condition d'êtres humains. Leur conception de l'être humain est suffisamment noble, élevée, disent-ils; ils ne voient donc nullement nécessaire de chercher "ailleurs" une explication ou une interprétation de leurs gestes. Certains nous demandent même si nous, chrétiens, ne sommes pas dans l'erreur, une erreur du regard et de l'estimation, en argumentant à partir d'une si médiocre idée de ce qu'est et de ce que peut une personne humaine. Ceux qui ont quelque connaissance de la théologie se demandent même si nous ne sommes pas en réalité des extrémistes "augustiniens", pour qui l'être humain est vraiment "corrompu", alors que l'orthodoxie chrétienne parle de "blessure" et non de corruption. Risque-t-on alors, parfois, de leur dire que la noblesse de leur conception de l'être humain est due à un apport chrétien qui leur est advenu en Occident sans qu'ils en aient suffisamment conscience, ils répliquent en nous rappelant les guerres de religion et l'Inquisition, notre facilité d'oublier et notre talent de récupération.

L'adjectif "chrétien", en réalité, requerra toujours *plus* de données que l'expression "en Jésus-Christ", source et animateur des activités de chrétiens *et* de non-chrétiens, dans les exemples donnés ci-dessus. Ici-bas, en effet, dans l'histoire, le christianisme "intégral" inclut toujours l'Église, le Magistère et toutes les médiations ecclésiales visibles et institutionnelles établies dès les origines pour le "temps de l'Église", jusqu'à la Parousie.

b. La moins vulnérable solution à cette aporie consiste peut-être à se contenter de décrire ce qui se passe en réalité, *d'après nous*, lorsque des chrétiens *ou* des non-chrétiens accomplissent en ce monde des activités qui sont en harmonie globale et suffisante, en *analogie* disait J. Maritain [88], avec les requêtes du message chrétien, notamment en ce qui concerne le "salut intégral" ou "la charité envers le prochain".

Cette attitude, en effet, éviterait des malentendus avec les non-chrétiens avec lesquels nous sommes en "collaboration". Et aussi avec des chrétiens qui estiment que certains de leurs frères en Jésus-Christ "mettent leur foi en poche", lorsqu'ils n'explicitent pas et ne proclament pas leur interprétation et leur motivation chrétiennes dans toutes leurs activités, celle de collaboration socio-politique par exemple.

Ces chrétiens, lorsqu'ils collaborent avec des non-chrétiens, ne vivent donc pas une "foi sans langage".

Tout d'abord, rien ne les empêche, à l'occasion de conversations ou d'échanges informels, de dire tout haut leur "interprétation" chrétienne des engagements sociaux ou politiques : cela n'appartient pas à l'acte formel de la collaboration. Les chrétiens demeureront eux-mêmes s'ils vivent de façon intense cette "interprétation" chrétienne de la présence dynamique de l'Esprit du Seigneur au cœur de leurs engagements. Et ils devraient en faire la "motivation" chrétienne surajoutée à celle qui anime toutes les personnes de bonne volonté.

Si des chrétiens ont quelque peine à percevoir l'action du Seigneur au cœur des engagements de non-chrétiens en faveur de la justice et de la paix, c'est que, peut-être, ils ne sont pas accoutumés à percevoir cette présence et cette action dans leurs propres engagements. Ils sont bien conscients, certes, que le Seigneur est la Source de toute sanctification. Ils savent que le Seigneur, comme un Soleil, offre sa lumière et sa chaleur vingt-quatre heures sur vingt-quatre. Ils savent aussi que ce don de la grâce et de la sanctification ne leur advient que s'ils l'accueillent. Mais comment se représentent-ils ces moyens d'accueillir, ces médiations de sainteté, ces relais de sanctification ? La tradition la plus authentique de la spiritualité chrétienne parle de la sanctification par "le devoir d'état" : ce devoir est coextensif à toute l'existence séculière *et* religieuse. Semblable lacune dans les conceptions spirituelles des chrétiens eux-mêmes rend évidemment d'autant plus malaisée la perception de l'Agir divin dans les engagements des non-chrétiens.

Par ailleurs, l'idée de "tout" récapituler dans le Christ laisse généralement à l'esprit d'interlocuteurs non-chrétiens une saveur de totalitarisme; et le spectre d'une restauration de la "chrétienté" cléricale les rend méfiants. Certaines déclarations de chrétiens justifient d'ailleurs semblable méfiance. En réalité, la "plénitude" de Seigneurie envisagée par les chrétiens pourrait être comparée à la "plénitude" présente au cœur d'un non-chrétien pour qui l'Absolu est le Progrès. Lorsqu'un chrétien lui présente une offre de collaboration en vue, par exemple, d'un plan d'alphabétisation de telle ou telle région, ce non-chrétien peut estimer que ce plan est en cohérence avec son idéal de Progrès, que ce plan peut être "interprété" par lui comme un accomplissement de ce Progrès, que cette interprétation peut être pour lui une "motivation". Et ce, sans qu'il doive nécessairement proclamer en même temps cet Absolu, comme lorsqu'il fait une conférence sur le Progrès humain et dans l'humanité, un peu comme un chrétien pourrait proclamer le Royaume de Dieu dans un discours d'évangélisation.

D'autres difficultés existent encore, et persisteront. Du moins certains obstacles pourraient être ainsi rencontrés et écartés.

2. ECUEILS RENCONTRES DANS CETTE COLLABORATION

Divers sont les obstacles qui freinent ou dérèglent ce genre de collaboration. Ainsi, le manque d'habitude de collaborer ainsi que les lenteurs qui accompagnent habituellement la concertation pluraliste, ou encore les opportunités d'ordre pastoral lorsque des options doivent être adoptées par des autorités. Nous voudrions nous en tenir ici avant tout à l'écueil que constitue une manière d'évaluer − ou de sous-évaluer − la part prise par les non-chrétiens dans la construction de l'Europe unie. Et donc, une manière de "concevoir" ou une façon de "formuler" cette activité pro-européenne.

Les discours et écrits des chrétiens relatifs à l'Europe unie argumentent comme suit : l'Europe est en crise d'identité, ce qui empêche ou retarde la réalisation de son unité; le remède, c'est qu'elle retrouve son âme, ce qui signifie en fait son identité "chrétienne". Retenons dans cette argumentation le passage assez *direct* du mal : la crise, au remède : la foi chrétienne. Cette médication n'a rien d'inexact, à condition d'en rester à *un* aspect de la situation critique envisagée. Cependant, elle ne rend pas suffisamment justice à d'*autres* "remèdes" susceptibles de revigorer cette Europe affaiblie : ce sont les facultés humaines, en tant que telles, dans leur densité et leur vérité, avec leurs efflorescences propres.

Mais pour éviter tout malentendu et tout jugement unilatéral, citons quelques discours qui reconnaissent l'œuvre des potentialités humaines. Il en est question au chapitre I, là où est rappelé l'"actif" du bilan européen établi pour ce siècle. En voici encore quelques illustrations.

L'œuvre des potentialités humaines

Paul VI, en recevant, en mai 1975, des représentants de la *Commission européenne des relations avec les Parlements et l'opinion publique*, leur disait son admiration pour les initiatives nombreuses du Conseil de l'Europe. "D'où l'insistance de l'organisation dont vous êtes les représentants qualifiés, à promouvoir en priorité la liberté et le respect des droits de la personne humaine. D'où son attention vigilante... pour les problèmes sociaux, car l'humanisation des législations du travail ... est incontestablement bénéfique et contribue à une meilleure justice. D'où l'intérêt aussi de votre organisation pour le monde des jeunes, pour les principes moraux qui doivent présider à l'action en faveur du développement des nations moins favorisées. L'on pourrait continuer l'énumération des nombreux sujets qui nourrissent votre réflexion et vos échanges. Disons seulement qu'ils nous frappent par leur caractère hautement humanitaire" (DC 1975,511).

Dans sa conférence déjà citée, Mgr G. Benelli déclarait : "Les forces politiques, les institutions démocratiques, ont le devoir de donner une expression concrète aux aspirations d'unité et de fraternité qui existent en Europe et qui deviennent chaque jour davantage une réalité politique consistante. Ce sont toutes les forces vives de la société civile, et non l'Église en tant que telle, qui doivent construire la nouvelle Europe" (DC 1977,1041).

Dans un allocution à la *Présidence du Parlement européen*, le Pape Jean-Paul II, en avril 1979, précisait : "Chaque parlementaire européen cherche évidemment à orienter cette Europe dans le sens qu'il juge le plus favorable à l'intérêt, au progrès, au bonheur des populations. Il s'inspire en cela de ses convictions, des vues de son parti politique. Si j'ai un souhait à formuler, c'est que chacun, dépassant la part d'esprit partisan ou au contraire de démission dont il peut être tenté, se pose vraiment, librement, en conscience, les questions essentielles : comment accéder à une fraternité élargie, sans rien perdre des traditions valables propres à chaque pays ou région ? Comment développer les structures de coordination sans diminuer les responsabilités à la base ou dans les corps intermédiaires ? Comment permettre aux individus, aux familles, aux communautés locales, aux peuples d'exercer leurs droits et leurs devoirs ?" (DC 1979,432).

Et comment oublier cet éloge exprimé dans l'*Appel de Saint-Jacques de Compostelle* (novembre 1982) : "En ce moment me viennent à l'esprit les noms de grandes personnalités, hommes et femmes qui ont apporté splendeur et gloire à ce continent par leur talent, leurs capacités et leurs vertus. La liste en est si longue parmi les penseurs, les scientifiques, les artistes, les explorateurs, les inventeurs, les chefs d'État, les apôtres et les saints, que je ne puis l'abréger... L'Europe a encore en réserve des énergies humaines incomparables, capables de la soutenir dans ce travail historique de renaissance continentale et de service de l'humanité" (DC 1982,1130).

De même, le 18 janvier 1983, recevant pour la première fois les membres du *Conseil Pontifical pour la Culture*, Jean-Paul II les invita à l'évangélisation des cultures, puis s'étendit longuement sur "ce que les chrétiens ont à recevoir" : "Dans cette relation dynamique de l'Église et du monde contemporain, dit-il, *les chrétiens ont beaucoup à recevoir* ... Songeons en effet aux résultats des recherches scientifiques pour une meilleure connaissance de l'univers, pour un approfondissement du mystère de l'homme, pensons aux bienfaits que peuvent procurer à la société et à l'Église les nouveaux moyens de communication et de rencontre entre les hommes, et surtout de promouvoir l'éducation des masses, de guérir les maladies réputées autrefois incurables. Quelles réalisations admirables. Tout cela est à l'honneur de l'homme. Et tout cela a grandement bénéficié à l'Église elle-même, dans sa vie, son organisation, son travail et son œuvre propre. Il est donc normal que le Peuple de Dieu, solidaire du monde dans lequel il vit, reconnaisse les découvertes et les réalisations de ses contemporains et y participe dans toute la mesure du possible, pour que l'homme lui-même croisse et se développe en plénitude" (DC 1983,147).

Alors, où se trouve, où peut se trouver la nuance de "sous-évaluation" annoncée ci-dessus comme écueil ? Deux notations illustreront cet écueil.

Rares appels aux sagesses philosophiques

Si les potentialités humaines sont reconnues, le domaine des sagesses humaines "ouvertes" n'est guère examiné. Sagesses s'entend ici d'ensembles doctrinaux assez importants : des philosophies, des anthropologies générales. Certaines de ces sagesses sont dites "ouvertes", à savoir susceptibles d'être acceptées par une personne qui croit en un Dieu Transcendant. Ces sagesses peuvent donc, au nom de la raison et de l'expérience humaines, constituer un fondement de la dignité de la personne humaine, de la liberté, de la justice, de la paix, des droits humains, etc., ainsi qu'un stimulant pour l'adoption et la défense de ces valeurs. On pourrait penser, par exemple — et il en sera question ci-après — à une anthropologie du genre "personnalisme communautaire" [89]. Mais les écrits pro-européens ouvrent rarement cette piste de réflexion.

Il en résulte un situation curieuse. En effet, en ces temps où la modernité scientifico-technique est soumise à une sorte de moratoire de vérification, les citoyens de tous les pays attendent qu'on leur dise *aussi* le sens de la vie, la valeur du surrationnel et l'intérêt du non-mécaniste; ils attendent que les dirigeants soient éveillés à la conscience éthique et qu'ils soient alertés lorsqu'ils dépassent les limites du raisonnable et de l'humain. Mais qui leur répond ? Les institutions philosophiques représentant un "personnalisme communautaire" sous ses différentes formes — d'inspiration chrétienne ou non — sont quasi muettes; si elles étudient les problèmes, leurs conclusions ne deviennent pas des déclarations ayant quelque éclat médiatique, nécessaire en l'occurrence. Mais ce sont des institutions chrétiennes, les Églises chrétiennes, et spécialement l'Église catholique, qui s'expriment clairement et au niveau international. Cette lacune institutionnelle philosophique fait glisser les Églises vers un certain leadership qui n'est pas sans écueils, tandis que la collaboration entre personnes "de bonne volonté" se trouve d'autant appauvrie.

Cette lacune institutionnelle si défavorable à un réel dialogue avec les personnes "de bonne volonté", a été signalé précisément — est-ce là une coïncidence fortuite ? — par le Président du Conseil Pontifical pour le dialogue avec les non-croyants. Dans une Conférence récente (Bari, 23 octobre 1988) [90], le cardinal P. Poupard, après avoir décrit de manière assez schématique les "origines" de l'Europe, se référait au message d'un ancien "européen" : "Déjà dans son Essai célèbre, *Vie et mort de l'Europe*, Denis de Rougemont rappelait que la vocation de l'Europe, c'est son concept de l'homme et sa conception personnaliste et communautaire de la société". Et peu après, il précisait : "Entre un marxisme aux grilles de lecture pseudo-scientifiques et un matérialisme où s'englue le plus grand nombre, il ne suffit pas de réaffirmer les valeurs d'un humanisme classique, qui apparaissent aux plus jeunes comme sans prise sur la réalité. Les meilleurs acquis des sciences humaines permettent d'affirmer un personnalisme original, une anthropologie marquée d'une dimension transcendante. Mettre en relief ses fondements, expliciter ses valeurs, critiquer ses méthodes, participer aux grands débats socio-politiques, être en recherche de créativité pédagogique, voilà autant d'apports spécifiques à la construction d'une société authentiquement pluraliste". Tel est l'objectif et le programme : mais qui en assume la réalisation ?

Concernant les "sagesses" humaines, la meilleure évocation nous vient des "Thèses de la Commission théologique internationale" sur *La dignité et les droits de la personne humaine* (DC 1985,383-391).

S'agissant des droits fondamentaux de la personne humaine, la réflexion touche un éventail impressionnant de valeurs humaines, individuelles et sociales. L'étude propose une théologie des droits humains, un aperçu de leur application sur la planète : premier monde, deuxième monde (marxisme réel) et Tiers-Monde; puis, quittant la théologie, elle s'avance dans le domaine de la philosophie et même de quelques valeurs formelles, pour pouvoir "rencontrer" des non-chrétiens. Les chrétiens sont ainsi appelés à présenter au monde non seulement les lumières de la théologie, mais aussi celles de la philosophie :

"Tout spécialement, au niveau de la philosophie, la Commission théologique internationale voudrait rappeler les valeurs propédeutiques et doctrinales que l'on peut trouver dans les tendances actuelles du personnalisme, surtout quand celles-ci s'enracinent dans le 'patrimoine philosophique toujours valable' (OT 15) et se trouvent renforcées par la doctrine traditionnelle.

"Le 'personnalisme communautaire' s'oppose au naturalisme matérialiste et à l'existentialisme athée. De par sa nature même ou dans un ordre plus éminent, affirme-t-il, l'homme est orienté vers une finalité qui surpasse le processus physique de ce monde. Un tel personnalisme diffère radicalement de l'individualisme et il souligne la nature sociale de l'homme. Dès lors, il considère d'abord l'homme dans ses relations avec les autres personnes et seulement, en deuxième lieu, dans ses rapports avec les choses. La personne, en tant que telle, ne peut exister ni atteindre sa plénitude que dans l'union et la communication avec d'autres hommes. Ainsi considérée, la communauté personnaliste est très différente des sociétés purement politiques ou des groupements sociaux qui font peu de cas des réalités spirituelles et de l'autonomie authentique" (p. 390).

Mais la Commission théologique internationale s'avance plus loin encore. Constatant que "des désaccords profonds se manifestent [concernant les droits humains], tant à propos de leur justification philosophique et de leur interprétation juridique que de leur application dans la vie politique", elle va proposer quelques principes qui transcendent la diversité des conceptions théoriques élémentaires de réalisation. Ce sont des "vœux pour un respect plus étendu et universel des droits de l'homme". Et l'on comprend que ces suggestions pourraient être très utiles à la réflexion des membres des organismes européens. Voici comment s'exprime le Document de la Commission théologique internationale :

"En raison de cette situation actuelle, il importe d'avoir présents à l'esprit certains principes de pensée et d'action relatifs à l'application des droits de l'homme. Il faut admettre comme un principe de base fondamental que la valeur de la dignité humaine est le bien le plus grand à poursuivre dans l'ordre moral et qu'elle doit se traduire en termes d'obligation dans l'ordre juridique... Pour que ces droits fondamentaux puissent être appliqués de cette manière, il faut évidemment obtenir un consensus qui transcende la diversité des conceptions philosophiques et sociologiques de l'homme. C'est lui seul — si on parvient à l'obtenir — qui pourra servir de base à une interprétation commune des droits de l'homme, tout au moins au plan politique et social.

"Ce fondement doit être recherché dans une triade de principes fondamentaux : la liberté, l'égalité, la participation. C'est au groupe de ces trois droits que se rattachent les autres droits : ceux qui concernent la liberté personnelle, l'égalité juridique, les activités responsables en fait de vie sociale, économique, culturelle et politique. La connexion qui existe entre les éléments de cette triade exclut toute interprétation unilatérale, par exemple celle du libéralisme, du fonctionnalisme et du collectivisme" (DC 1985,391).

L'apport spécifique des philosophies comme telles a été évoqué par le Pape Jean-Paul II, dans un *Discours aux diplomates accrédités auprès du Saint-Siège*, le 10 janvier 1987. Après avoir rappelé que "la paix est fondamentalement de nature éthique", le pape poursuivait : "Les *religions* dignes de ce nom, les religions ouvertes dont parlait Bergson — qui ne sont pas de simples projections des désirs de l'homme, mais une ouverture et une soumission à la volonté transcendante de Dieu qui s'impose à toute conscience — permettent de fonder la paix. Et également les *philosophies* qui reconnaissent que la paix est un fait d'ordre moral; elles montrent la nécessité de dépasser les instincts, elles affirment l'égalité radicale de tous les membres de la famille humaine, la dignité sacrée de la vie, de la personne, de la conscience, l'unité de la famille humaine qui requiert une vraie solidarité" (DC 1987,187).

L'usage des expressions "vraie humanité", "véritable humanisme"

Si le choix du terme "technique" pour caractériser les projets ou les réalisations des organismes européens peut se révéler regrettable, le recours aux expressions "vraie humanité" ou "véritable humanisme" pour désigner le statut d'une personne "devenue chrétienne" ne l'est guère moins. Ces dernières formules peuvent se justifier et trouver un sens acceptable dans tel ou tel contexte : mais ce contexte existe-t-il toujours ?

Bien plus, dans certaines déclarations sur l'humanité ou sur l'humanisme, les adjectifs "vrai" ou "véritable" peuvent être soulignés avec une telle insistance ou chargés d'une telle intensité, que le non-chrétien se demandera s'il lui reste encore quelque chose de valable, d'authentique, quelle que soit son honnêteté, quel que soit son idéal. Ceux qui parlent de cette manière envisageraient-ils, à ce moment, l'être humain dans la "vérité" de son accomplissement définitif du ciel ? Il ne semble pas. S'exprimant de la sorte, ces personnes comparent un chrétien d'ici-bas, médiocre ou non, et qui est censé être en état de grâce, avec un non-chrétien d'ici-bas, médiore ou non, et qui est considéré comme vraisemblablement éloigné de Dieu. Le premier est "vrai" dans son humanité, dans son humanisme. L'autre est-il non vrai, guère véritable, faux, sans consistance, in-sensé ? La vérité "propre" des réalités humaines, dont parle *Gaudium et spes*, 36, obtient-elle son dû dans pareille façon de s'exprimer ? Saint Thomas d'Aquin, pour qui l'épanouissement de l'être humain apporte à celui-ci une réelle "béatitude", — imparfaite, bien sûr, et avec le *quoddammodo* qu'on était en droit d'attendre, — envisageait un bien "ultime" proportionné à la nature humaine, et qui peut être atteint par le dynamisme des forces naturelles "*(De verit. qu. 14, art. 2)*. Alors ?

Une réflexion sur ce point pourrait s'appuyer sur le *Discours du Pape Jean-Paul II aux représentants du monde de la culture*, à Florence, en octobre 1986. Voici quelques extraits de ce discours (DC 1987,19-23).

Le Pape, tout d'abord, rend hommage à l'intuition de la Communauté européenne qui désigne chaque année une capitale de la culture européenne. "L'intuition de la Commission européenne de reconnaître, comme ses capitales culturelles, année après année, les villes qui ont élaboré ce patrimoine historique sans lequel non seulement l'Europe mais le monde entier se sentiraient appauvris, acquiert une valeur universelle. Cette année, le rôle de capitale européenne de la culture revient à Florence".

Puis, le Pape rend hommage à cette culture "humaine". Avec vous, dit-il, "je rends un fervent hommage à Florence... Je rends un hommage à son histoire, à son incomparable capital artistique, à son génie créateur. Je rends hommage, d'une manière spéciale, aux richesses d'intelligence, de cœur, d'humanité que contient et exprime ce patrimoine".

L'humanisme florentin révèle des liens originaux entre les données humaines et les données chrétiennes. "... le retour aux Grecs et aux Romains ne fut pas une fuite du présent, mais, à l'intérieur de la continuité de la tradition et de la profession chrétienne, la récupération d'une richesse authentiquement humaine afin qu'elle soit mieux mise en valeur dans l'horizon de la foi". "Mettre mieux en valeur dans l'horizon de la foi" : l'expression mérite d'être méditée.

Quelle est la "signification interne" de la culture ? C'est "la mise en valeur de l'homme". En effet, poursuit le Pape, "c'est en cela qu'est sa dignité originaire. Les manifestations du génie humain sont une réponse au commandement initial du Créateur de 'soumettre la terre'. Un commandement dense de contenu, qui ne se limite pas à indiquer la domination sur les produits du sol, de la création et qu'il élabore ensuite avec les ressources de son intelligence... En rigueur de terme, il ne peut y avoir de culture au sens plein du terme que par un lien idéal avec la dimension transcendante qui en reflète la source originelle et, à cause de cela même, se traduit par un honneur pour l'homme". Une culture "au sens plein du terme", et cette plénitude se situe au niveau de sa Source transcendante.

A parler strictement, peut-on envisager une culture "chrétienne" ? Disons plutôt : "Grâce à une conception très large de la culture, comprise comme l'ensemble des valeurs et des moyens par lesquels l'homme exprime la richesse de sa personnalité dans toutes ses dimensions, l'Église puise dans sa propre expérience séculaire, elle qui n'est pas liée à telle ou telle forme de culture, parce qu'elle les transcende toutes et peut s'adapter à toutes, dans un échange réciproque de valeurs authentiques" [91]. Un échange "réciproque".

Comme d'habitude, Jean-Paul II répète et insiste : "l'homme est le fait primordial et fondamental de la culture. Et cela, l'homme l'est toujours dans sa totalité : dans l'ensemble intégral de sa subjectivité spirituelle et matérielle ... La vérité de l'homme et sur l'homme a besoin d'être annoncée dans l'intégralité de son être fini et de son destin infini". Ici apparaît par deux fois le terme "intégralité" désignant la "totalité" de l'homme.

Et le Discours se termine par une évocation de l'humanisme plénier. En effet, "l'hommage rendu au berceau de l'humanisme n'est pas un acte purement symbolique mais l'expression de la volonté de contribuer à la construction de cet humanisme plénier qui doit s'imposer aux conquêtes de la technique comme une base solide de la civilisation en cette fin de siècle".

Notons en passant que, tout en étant dépositaire de la révélation divine, Jean-Paul II ne considère pas qu'il nous suffit de recevoir un dépôt. La vérité sur l'homme, dit-il au cœur de son discours, "est le but particulier de ceux qui parcourent les routes de la culture, 'chercheurs de la vérité', comme les a définis le Concile dans son message aux hommes de pensée et de science, 'explorateurs de l'homme, pèlerins en marche vers la lumière' ".

Bref, toutes ces façons de s'exprimer paraissent susceptibles de remplacer les termes "vrai" ou "véritable", là où ils pourraient être la source de malentendus.

V. LA COLLABORATION ET LE "NŒUD DE L'UNITE"

1. DONNEES GENERALES

L'union politique de l'Europe est évoquée de plus en plus régulièrement au fur et à mesure que se multiplient les institutions européennes auxquelles est reconnue une compétence délimitée dans un secteur précis. Des projets sont présentés d'année en année. Dans le Projet de Statut de la Communauté (politique) européenne (1953), lorsque sont décrites les compétences reconnues, apparaissent aussi des éléments qui peuvent constituer un facteur de cohésion politique — ce qui sera appelé ici "nœud de l'unité" — donnée indispensable à tout pouvoir politique, même s'il est aussi original que le sera inévitablement celui de l'Europe future.

Les écrits et discours ecclésiastiques ne présentent jamais de plan semblable à ceux qui viennent d'être évoqués. Ainsi, dans la conférence déjà citée de Mgr G. Benelli : "Il n'appartient pas à l'Église de présenter un idéal politique concret ou des formules économiques et sociales pour l'Europe. Les forces politiques, les institutions démocratiques ont le devoir de donner une expression concrète aux aspirations d'unité et de fraternité qui existent en Europe et qui deviennent chaque jour davantage une réalité politique consistante. Ce sont donc toutes les forces vives de la société civile, et non l'Église en tant que telle, qui doivent construire la nouvelle Europe" (DC 1977,1041). Et Paul VI, en octobre 1975, recevant les membres du IIIe *Symposium des Évêques d'Europe*, leur dit : "... les conditions sont nouvelles par rapport à l'état de chrétienté qu'a connu l'histoire. Il y a maturité civique au niveau des pays, au niveau du continent. De toute façon, nous ne sommes pas, nous évêques, les artisans de l'unité au plan du temporel, au plan politique. La foi, dont nous sommes les serviteurs, n'est pas un élément politique" (DC 1975,902).

Toutefois, les discours et écrits ecclésiastiques suggèrent parfois, en fait, des considérations qui relèvent du domaine des facteurs éventuels de cohésion politique, même si celle-ci n'est pas visée directement.

Ainsi, dans la Conférence citée plus haut, Mgr G. Benelli regrettait la primauté donnée par certains à l'économique, et défendait au contraire la priorité des valeurs spirituelles et morales. Cette priorité est proclamée par le christianisme, "et le christianisme est indiscutablement − avec des éléments judaïques, helléniques et latins, et des contributions d'autres nations du continent − un facteur essentiel, déterminant, de la *manière d'être* des Européens. Les croyants regarderont ce fait dans une optique religieuse; les non-croyants le considéreront comme un simple fait culturel : mais personne ne pourra jamais nier cette réalité, ce substrat profond et irremplaçable de la spécifique 'culture' européenne" (DC 1977,1040). Donc : des valeurs éthiques et spirituelles, comme substrat irremplaçable.

En avril 1979, les Présidents des Conférences épiscopales des pays de la Communauté européenne signent une *Déclaration* "à propos des élections au Parlement européen" (DC 1979,433-435). Ils rappellent les "exigences d'ordre spirituel et évangélique qui sont en jeu". Ils évoquent les buts de cette construction de l'Europe. Ils attendent une Europe "où les valeurs spirituelles peuvent s'exprimer", une "solidarité plus effective entre les plus favorisés et les plus pauvres de notre continent", un "style de vie plus sobre", une Europe qui respecte les droits humains fondamentaux, "qui ont été reconnus et affirmés dans diverses instances internationales et qui viennent d'être rappelés avec force comme des droits objectifs et inaliénables par le Pape Jean-Paul II". Des "exigences d'ordre spirituel et évangélique". Bref, "une Europe plus humaine que nous avons à bâtir ensemble".

Voici maintenant les vœux de laïcs catholiques, au *Forum européen des Comités nationaux d'apostolat des laïcs*, en juillet 1978. "L'Europe, disent-ils, doit être une société ouverte, dans laquelle les différentes façons de vivre sont respectées et où elles peuvent être vécues pourvu qu'elles soient respectueuses des droits de l'homme et les garantissent". Ils veillent tout spécialement à ce qu'aucun groupe ne soit marginalisé. "Il faut être attentif à ce que ni les enfants, ni les jeunes ni les migrants ne soient toujours plus marginalisés" (DC 1978,896). "Une société ouverte".

Au Conseil fédéral du "*Mouvement européen*", en mars 1987, le Pape Jean-Paul II évoque quelques traits d'une future Europe politique. "Votre perspective s'élargit jusque sur le plan proprement politique. Vous avez en vue une Fédération européenne, formant en quelque sorte les États-Unis d'Europe, avec un certain gouvernement responsable face au Parlement, bien au-delà de l'actuel Conseil des ministres de la Commission. Comme déjà vous le disait Paul VI, il n'appartient pas au Saint-Siège de déterminer les modalités politiques souhaitables de la coopération européenne qui, elle, est nécessaire. Il revient aux hommes politiques, aux experts, de trouver, de proposer démocratiquement à leurs concitoyens et de faire ratifier par les responsables, les *solutions concrètes et graduelles* de ce grand et complexe problème. Le mouvement semble irréversible et peut être bénéfique. Mais à chaque étape, il doit tenir compte des mentalités et des possibilités réelles". En effet : "L'Europe est composée de nations au passé prestigieux, de cultures qui ont chacune leur originalité et leur valeur. On veillera toujours à les sauvegarder, sans nivellement appauvrissant. De même sont à garantir les niveaux de responsabilité, les droits des personnes et des sociétés, y compris des minorités, qu'il s'agit d'harmoniser avec le bien commun à l'ensemble des pays de la région en dépassant les intérêts particuliers et les rivalités locales. Ce *bien commun* est certes une condition de progrès et de force et, en un sens, de survie; le progrès doit être un développement pleinement humain à tous les points de vue. Cela demande sagesse, prudence, maturation, mais aussi ténacité et esprit d'ouverture" (DC 1987,597). L'originalité et la valeur de chacun à "sauvegarder".

Une synthèse de ces perspectives est difficilement réalisable, parce que les discours évoquent pêle-mêle des suggestions, des vœux, des appels, des projets de tous ordres . Toutefois, en se référant à ce qui est dit des "facteurs de cohésion" des États modernes, démocratiques et pluralistes, on peut esquisser un groupement des données récoltées dans la foison de documents.

L'État moderne se présente comme démocratique et pluraliste. S'il est démocratique, sa légitimité lui vient des citoyens, et donc de groupes de personnes différentes à tous égards dans leurs options religieuses ou philosophiques, et sujettes à des évolutions variées au cours du temps. S'il est pluraliste, il se considère comme n'étant pas en possession d'une doctrine officielle au nom de laquelle il pourrait juger de ce qu'est la Vérité et imposer ce jugement à l'ensemble des citoyens. D'où, pour cet État moderne, un équilibre peu stable, mais quand même viable, avec des situations très différenciées et très fluctuantes en tous les secteurs de l'existence, que compliquent encore les différences culturelles de chaque région. Un élément "équilibrant" est donc nécessaire; on pourrait l'appeler "facteur de cohésion".

Transposée à l'Europe unie de demain, semblable réflexion appelle beaucoup de circonspection, parce que les considérations des politologues sur les conditions d'unité ou "facteurs de cohésion" des États modernes ne conviennent ni adéquatement ni pleinement au pouvoir politique européen de l'avenir. Quelle que soit la forme concrète et très spécifique de ce pouvoir, celui-ci voudra et devra tenir compte des pouvoirs publics de chacun des pays qui en accepteront l'autorité. Cependant — on pourrait même dire inéluctablement — les réflexions qui suivent trouveront dans ce pouvoir une "certaine manière" de vérifier ce qui est dit des États modernes et démocratiques, mais *mutatis mutandis*, et donc en y changeant ce qui doit y être changé en l'occurrence.

En systématisant quelque peu les nombreuses suggestions relevées dans les discours, allocutions, écrits des papes et des épiscopats, et en les transposant en "facteurs de cohésion", on est amené à envisager successivement l'acceptation et la mise en œuvre de quatre données :
1) les *droits humains* fondamentaux, ou
2) le *common sense*, à savoir un groupe de "valeurs communes", ou encore
3) une *assise éthique* jouissant d'une contexture plus ou moins fournie, et même
4) une certaine *laïcité* au sens de non-confessionnalité et à condition qu'elle soit réellement "*ouverte* ".

Ces quatres éventualités seront commentées maintenant, dans le seul but de fournir un canevas à des discussions et des échanges.

2. LES DIFFERENTS FACTEURS DE COHESION

Les droits humains fondamentaux

Une première hypothèse se présente : les droits humains fondamentaux. Certains discours y font allusion, parfois avec vigueur. Ces droits sont proposés parmi les valeurs communes, si bien qu'ils pourraient, semble-t-il, constituer un facteur de cohésion politique recevable par l'ensemble des pays européens.

C'est qu'en effet, l'ensemble des pays de l'Europe Est-Ouest ont accepté en principe la *Déclaration universelle des Droits de l'homme* en 1948 (O.N.U., 10 décembre 1948). Concernant une Europe restreinte aux pays membres actuels du Conseil de l'Europe, on peut mentionner la *Convention européenne de sauvegarde des droits de l'homme et des libertés fondamentales* (4 novembre 1950). Or, voici ce que disait le Pape Paul VI, à l'occasion du XXVe anniversaire de cette Convention :

"Pour promouvoir la paix et faire œuvre de reconstruction morale dans cette Europe de l'après-guerre, il importait de mettre au premier plan le respect des droits de l'homme, de les affirmer et surtout de les garantir pour tous les citoyens. C'est le mérite du Conseil de l'Europe d'y avoir pourvu sans tarder, en élaborant cette Convention européenne". Cette Convention a voulu hâter pour l'Europe une application réaliste et efficace de la Déclaration universelle des Droits de l'homme : "les principes ont été réaffirmés avec plus de précision et de détails, et surtout un mécanisme approprié a été mis en place afin d'en garantir la sauvegarde, en ménageant, pour les États et les individus, la possibilité d'un appel contre leur violation éventuelle. C'était la première fois, nous semble-t-il, qu'une telle possibilité était ouverte aux personnes de recourir à un organisme international, qui donne des garanties d'ordre judiciaire, pour la défense de leurs droits essentiels" (DC 1975,1021).

Et Paul VI rappelait encore le processus de juridisation de ces droits humains fondamentaux. "Dans le cadre de la Convention européenne, trois organes de niveau intergouvernemental sont prévus pour y veiller de façon indépendante, impartiale, selon un fonctionnement judicieux et complexe : la Commission européenne des droits de l'homme, la Cour européenne des droits de l'homme et le Comité des ministres du Conseil de l'Europe. Ils ne peuvent évidemment procéder qu'avec le plein consentement des parties contractantes, et nous savons que le chemin d'une ratification unanime et entière de la Convention et des protocoles additifs n'est pas sans difficultés. Cependant, de gros progrès ont été réalisés". De plus, faisait observer Paul VI, ce qui empêche "le droit de se figer, c'est l'organe qui a été institué au service de la Convention européenne : le 'Comité des experts en matière des droits de l'homme'. Il permet une étude continuelle des dispositions de la Convention, en fonction des besoins de la société européenne, et propose à l'autorité compétente mise à jour ou compléments" (DC 1975,1022).

Ces droits fondamentaux, on le sait, recouvrent des domaines très divers, comme la liberté, la dignité personnelle, l'éducation, la famille, la religion, etc. Ainsi, serait déjà assuré l'exercice d'activités relevant des valeurs communes. Ces droits, de plus, sont acceptés en principe, en tant qu'ils sont formels, sans contenu déterminé qui aurait été reconnu explicitement. Toutefois, en fait, ils incarnent — quasi inéluctablement — une certaine anthropologie générale qui tend à se répandre dans tous les continents.

Enfin, ces droits jouissent aussi d'un statut "plus ou moins" juridique. Ils sont "en voie" de juridisation. Ils sont "destinés" à obtenir un authentique statut juridique "dans les meilleurs délais".

Attentive à être pratique, la Commission théologique internationale, déjà citée plus haut, précise : la question qui importe est de donner aux droits de l'homme une expression juridique. "Pour que ces droits fondamentaux puissent être appliqués de cette manière, il faut évidemment obtenir un consensus qui transcende la diversité des conceptions philosophiques et sociologiques de l'homme. C'est lui seul — si on parvient à l'obtenir — qui pourra servir de base à une interprétation commune des droits de l'homme, tout au moins au plan politique et social.

"Ce fondement doit être recherché dans une triade de principes fondamentaux : la liberté, l'égalité, la participation. C'est au groupe de ces trois droits que se rattachent les autres droits : ceux qui concernent la liberté personnelle, l'égalité juridique, les activités responsables en fait de vie sociale, économique, culturelle et politique. La connexion qui existe entre les éléments de cette triade exclut toute interprétation unilatérale, par exemple celle du libéralisme, du fonctionnalisme et du collectivisme.

"C'est en mettant en pratique ces droits fondamentaux que tous les pays doivent veiller à ce que soient réalisées les conditions élémentaires d'une vie digne et libre. Évidemment, en cette action, il faudra tenir compte des conditions particulières à chaque nation, notamment en ce qui concerne la culture, la vie sociale et les réalités économiques".

Cette Déclaration vise directement la communauté internationale; mais tous les éléments repris ci-dessus peuvent être pleinement appliqués à l'aire européenne. On la trouvera en DC 1985, 383-391 [92].

A propos de la formule "droits de l'homme", on sait que ces droits, tels qu'ils furent adoptés en 1948, ne comportent en principe aucun contenu philosophique ou théologique. Le Pape Jean-Paul II le reconnaît explicitement dans son Discours au Corps diplomatique, le 9 janvier 1989 : "On a justement relevé que la Déclaration de 1948 ne présente pas les fondements anthropologiques et éthiques des droits de l'homme qu'elle proclame. Il apparaît aujourd'hui clairement qu'une telle entreprise était à l'époque prématurée" (DC 1989,200). Tels sont les droits de l'homme considérés ici comme "nœud d'unité" pour l'Europe. Toutefois, ces droits, lorsqu'ils sont évoqués par Jean-Paul II, sont généralement proposés comme "liés" à la foi chrétienne. Ainsi, lorsqu'il reçut les membres de la Commission et de la Cour européennes des Droits de l'homme, le Pape leur déclara d'entrée de jeu : " Qui pourrait oublier que la conscience de la dignité humaine et des droits correspondants — même si on n'employait pas ces mots — est née en Europe sous l'influence décisive du christianisme ?" (DC 1984, 147).

Les valeurs communes

Autre hypothèse : la cohésion politique établie par l'acceptation de certaines "valeurs communes". Le pouvoir politique tel qu'on peut l'envisager dans une prochaine Europe unie, et dirigeant la vingtaine de pays du Conseil de l'Europe, sera-t-il en mesure de définir des valeurs reconnues comme réellement "communes" ? Et les réticences, voire les discussions en pareille élaboration ne conduiront-elles pas rapidement à s'en tenir à un "facteur de cohésion" plus formel ? Faut-il ajouter que la difficulté n'est pas évitée, au contraire — l'exemple des réunions des Accords d'Helsinki le montre — dans l'hypothèse d'une Europe "de l'Atlantique à l'Oural". Mais quelles sont ces "valeurs communes" évoquées dans les écrits et appels ? En voici quatre.

◊ Faut-il adopter, comme facteur de cohésion, la valeur "*religion* "? [93] Au sens général du terme, avec christianisme, judaïsme, Islam. La question peut être posée. Les instances de l'Église soulignent fortement, mais de manière assez schématique, l'ample présence de ce facteur en Europe. Par ailleurs, ces mêmes documents, en décrivant la "crise" européenne actuelle, mettent également en évidence que ce facteur ne pourrait être envisagé comme donnée "commune" que lorsque l'Europe aura "retrouvé" son âme, ses racines. Mais quand ces retrouvailles seront-elles célébrées ? Et ceux qui construisent l'Europe unie doivent décider pour les pays occupant actuellement l'aire européenne, avec le sécularisme des Lumières, avec l'athéisme sous diverses formes et maintes options a- religieuses de ce temps.

◊ Autre valeur commune : "*la conception de l'homme* ", l'anthropologie, du moins l'anthropologie courante dans nos pays de l'aire européenne. Mais des échanges engagés sur ce point par le pouvoir politique — tel qu'il pourrait se présenter dans une prochaine

Europe unie — parviendraient-ils à un accord ? On sait que la *Déclaration universelle des droits de l'homme* a été acceptée en principe [94], mais huit pays se sont abstenus parce qu'ils désapprouvaient certains articles (p. 77). A l'époque, les représentants de l'Europe de l'Est, au cours de discussions préparatoires, ont affirmé que le texte philosophique de l'article 1 "ne tient pas compte de la réalité toute différente que présente le monde actuel et que l'égalité est due, non à la naissance, mais à l'État qui promulgue des lois en vue d'assurer cette égalité" (p. 83). Les représentants de l'Islam se réservent de privilégier les préceptes du Coran là où une divergence se manifesterait. Le prochain pouvoir politique européen va-t-il s'engager dans cette voie, ou jugera-t-il préférable d'éviter des heurts inutiles, puisque des facteurs de cohésion plus "formels" sont susceptibles d'être acceptés de manière unanime ?

◊ Et la "*culture*" [95] ? Les discours ecclésiastiques mentionnent fréquemment la "diversité" des cultures comme expression de la richesse des populations européennes. Ils demandent que "leur" culture soit reçue, appuyée, développée, par tous les moyens modernes. Le pouvoir politique de la prochaine Europe unie va-t-il élaborer quelque mouture qui serait vraisemblablement perçue comme une pénible homogénéisation de ce qu'il y a de plus original dans les pays constituant le continent le plus individualiste et le plus avide de liberté ? Parfois, les discours abordent la question — christianisme, judaïsme, Islam, Grecs et Latins — puis ajoutent que le christianisme a opéré une sorte d'intégration d'où a résulté "une" culture d'inspiration chrétienne. Mais les futurs dirigeants politiques de l'Europe unie feront-ils la même "lecture" de l'histoire de l'Europe ? Même lorsqu'on admet que le christianisme a constitué un facteur important dans "l'histoire" de l'Europe, est-on ainsi amené à envisager une "culture d'inspiration chrétienne" comme facteur actuel de cohésion politique ? Le pouvoir politique de l'Europe unie estimera sans doute préférable de ne pas s'engager dans cette voie.

◊ L'élément "*passé national*" ne paraît pas avoir plus de chances de succès. Au cours des exposés, le "passé national" de l'aire européenne Est-Ouest est évoqué assez volontiers dans des aperçus historiques esquissés rapidement. Et il est présenté comme lié à la foi chrétienne. Évoquant le "baptême de la Rus' de Kiev", le Pape Jean-Paul II poursuivait : "Nous nous unissons à tous ceux qui reconnaissent dans le baptême, reçu par leurs ancêtres, la source de leur identité religieuse, culturelle et nationale" (DC 1988,390). L'élaboration de l'Europe unie a montré que certains dirigeants du

seul Conseil de l'Europe appréhendent par ailleurs toute décision
impliquant un renoncement à telles ou telles prérogatives
institutionnelles, à tout ce qui constituerait un retrait de
souveraineté, à tout ce qui porterait ombrage à leur originalité bien
connue, à leur spécificité traditionnelle, à leur destinée, etc.

L'expérience de la Pologne est retenu par les historiens comme
exemplaire en ce qui concerne l'œuvre de cohésion obtenue grâce au
sentiment national face aux dislocations géographiques les plus
complexes et les plus diverses. Le Pape Jean-Paul II connaît cette
histoire [96]. Il a, plus que d'autres pontifes, accoutumé ses lecteurs et
auditeurs à distinguer État et nation. Mais la perspective d'un passé
national chrétien pour l'Europe déborde largement cette expérience.
Et le pouvoir de l'Europe unie en fera-t-il la proposition comme
"facteur de cohésion" européenne ?

Un mot encore. Une difficulté non-négligeable menace la fixation
d'un "contenu" des différentes valeurs communes, celle de ne pas
vérifier l'universalité requise, au sens de : applicabilité à *tous* les
européens. Quel est, pour l'ensemble des pays du Conseil de l'Europe,
"le" passé national, "la" culture, "la" conception de l'homme, "la"
religion ? Dès lors, fixer un contenu conduirait vraisemblablement à
créer en chaque pays une population "marginalisée", bref, à désunir
des européens. Or, d'autres solutions se présentent, qui permettent
d'éviter le risque de semblables marginalisations. Tandis que toute
forme de marginalisation est douloureusement ressentie aujourd'hui
par tous ceux qui œuvrent à la construction de l'Europe unie.

Une assise éthique

Si le pouvoir politique de l'Europe unie estimait trop détaillée, trop
précise, trop exigeante peut-être, comme "facteur de cohésion", la
Convention européenne pour la sauvegarde des droits de l'homme , il
serait possible de s'appuyer sur une "assise éthique" — que l'on peut
appeler aussi "fondement éthique" ou "noyau éthique" — ces termes
désignant un ensemble plus ou moins abondant, plus ou moins
explicité ou plus ou moins formel, de critères éthiques susceptibles
d'être adoptés par tous les représentants des pays membres du
Conseil de l'Europe.

Cette idée d'une "assise éthique" paraît particulièrement recevable
de nos jours : beaucoup de pays ont déjà décidé d'instituer des

commissions éthiques chargées d'examiner le comportement à adopter face à diverses situations "humaines" très neuves, liées à des progrès scientifiques inattendus, à des stratégies économiques démesurées, à des phénomènes culturels inédits. Les pays ayant adhéré à la *Convention européenne de la sauvegarde des droits de l'homme* pourront sans doute accepter assez aisément une "assise éthique" de qualité, jouissant d'une certaine densité, et même d'une certaine autorité.

Sur ce sujet précis, on peut rappeler une *Déclaration* de la Commission théologique internationale — dont un passage a été reproduit plus haut — et qui donne la mesure des possibilités d'une "assise éthique". Cette *Déclaration* est datée de mars 1985. Un projet assez étendu, et approuvé dans ses orientations fondamentales, a été publié dans les "Documents de travail" de la Commission "Iustitia et Pax". Traduites en français, ces thèses ont été publiées dans DC 1985,383-391. Elles sont l'œuvre de onze théologiens de la Commission théologique internationale. Ceux-ci disaient notamment : "Ce fondement doit être recherché dans une triade de principes fondamentaux : la liberté, l'égalité, la participation. C'est au groupe de ces trois droits que se rattachent les autres droits : ceux qui concernent la liberté personnelle, l'égalité juridique, les activités responsables en fait de vie sociale, économique, culturelle et politique. La connexion qui existe entre les éléments de cette triade exclut toute interprétation unilatérale, par exemple celle du libéralisme, du fonctionnalisme et du collectivisme" (DC 1985,391).

Et puisque nous sommes en l'année de la célébration des événements de 1789, sans doute lira-t-on avec intérêt les réflexions de M.J. Ladrière sur les thèmes égalité, fraternité, liberté, dans une conférence faite à des intellectuels catholiques. Après avoir rappelé l'installation triomphante d'une civilisation qui s'est construite en dehors de toute référence à la foi chrétienne, et caractérisée par l'universalisme abstrait, le progressisme et le rationalisme, J. Ladrière ajoutait : "... nous assistons à l'émergence, dans cette civilisation, d'une composante éthique extrêmement importante, qui s'exprime dans des valeurs de portée morale, fort différentes des valeurs d'ordre rationnel dont il vient d'être question, essentiellement l'égalité et la liberté. Nous entrevoyons aujourd'hui la possibilité de créer les conditions d'une vraie égalité entre les peuples et les individus ... Dans tout cela s'affirme la reconnaissance de l'homme par l'homme, ce que nous pourrions désigner plus concrètement par la simple notion de fraternité humaine. Et plus loin émerge une autre valeur fondamentale, celle de liberté. Il faut sans doute dire 'plus loin', car il n'est pas certain que l'on puisse assurer l'égalité dans les conditions d'une totale liberté. Mais c'est bien la liberté qui est la requête ultime; on perçoit qu'il faudra trouver le moyen de concilier les nécessités de l'organisation, la rationalité des plans, la rigidité des médiations, avec l'exigence de non-contrainte qui s'oppose, dans l'être humain, à tout ce qui est appareil, organisation, détermination rationnelle, forme autoritaire. L'égalité, et plus encore la liberté, représentent des tâches infinies. Ce sont en tout cas les tâches du monde où nous sommes" [97].

Dans les documents ecclésiastiques analysés ici, l'assise éthique est habituellement fondée sur la foi chrétienne et unie à celle-ci, précisément parce que ce sont des documents d'Église. Toutefois, l'histoire de la philosophie montre qu'une éthique humaine a existé avant le christianisme, et que cette éthique, au cours des temps, a pu se déployer parfois sans apport décisif du message chrétien. On peut admettre qu'un agir spécifiquement humain soit régi par une norme séculière pleinement valable, tout en étant "prochaine" à nos yeux. Norme séculière ne signifie pas, de soi, norme "sans Dieu". La foi chrétienne peut surdéterminer cet agir humain : d'abord, de par une vie théologale se développant au niveau de la grâce; ensuite par les précisions, accentuations, réticences, voire confirmations, qui nous viennent du message de Jésus-Christ ou des suggestions de l'Esprit.

C'est là un enjeu fascinant et un défi périlleux, que décrit le Pape Jean-Paul II dans son discours aux participants du VIème *Symposium des Évêques d'Europe*, le 11 octobre 1985. L'Europe, comme l'Occident, dit-il, est "une société complexe, pluraliste et polyvalente, dans laquelle l'individu veut recevoir seulement de sa propre raison autonome ses fins, ses valeurs, la signification de sa vie et de son activité; mais souvent il se trouve qu'il avance à tâtons dans le brouillard qui s'étend sur les certitudes métaphysiques, les fins ultimes et les points sûrs de référence éthique" (DC 1985,1085). On notera que le Pape dit "souvent" (et non pas "toujours"), et ce, concernant des sommets de la réflexion humaine : "certitudes" métaphysiques, fins "ultimes", "points sûrs" de l'éthique.

On situera, dans la même ligne, un passage du Discours du Pape au *Parlement européen* à Strasbourg, le 11 octobre 1988. Jean-Paul II évoquait les sombres perspectives auxquelles pourrait conduire l'exclusion de Dieu "comme ultime instance de l'éthique et garantie suprême contre tous les abus du pouvoir de l'homme sur l'homme" (DC 1988,1045). Ne pas oublier : "ultime" et "suprême".

La "laïcité ouverte"

On parle beaucoup aujourd'hui de la "laïcité" des pouvoirs publics. Serait-il opportun d'évoquer ici, pour l'Europe, la "laïcité ouverte" comme facteur de cohésion ?

A première vue, cette éventualité peut paraître paradoxale. Le terme laïcité est lié concrètement à une séparation de l'Église et de l'État qu'animent une opposition et parfois une agressivité contre toute religion, toute révélation divine, toute Transcendance... Et pourtant, dans une Allocution à des visiteurs, le 23 mars 1958, le Pape Pie XII leur disait : "... comme si une laïcité légitime et saine de l'État n'était pas un des principes de la doctrine catholique", "come se la legittima sana laicità dello Stato non fosse uno dei principi della dottrina cattolica" (DC 1958,456 et *Osserv. Romano*, 24-25 mars 1958). C'est donc que, dans l'esprit du Pape, la laïcité est susceptible d'une définition acceptable.

De fait, divers mouvements chrétiens, des institutions catholiques, acceptent une laïcité "ouverte", consciente des limites de la compétence propre de l'État, réellement attentive à assurer l'exercice de tous les droits de tous les citoyens. Telle est la "laïcité" qu'annoncent certaines Constitutions : une sorte de "point de convergence et de rassemblement dans un espace civil où les libertés cesseront de s'entre-détruire", écrit É. Poulat [98]. Il serait utile de mieux connaître cette laïcité dont Pie XII disait qu'elle est "un des principes de la doctrine catholique".

Car il existe une autre laïcité, non seulement opposée à toutes les formes de cléricalisme ou de radicalisme religieux, mais engagée explicitement dans une action laïcisante radicale et sans merci. Celle-ci également devrait être mieux connue, afin qu'on évite les illusions et que l'on sache en quoi et comment amorcer un dialogue. C'est la laïcité "close", hostile.

Quant à la laïcité "ouverte", elle est à comprendre dans les perspectives de l'État "moderne". En voici les caractéristiques d'après un écrit du cardinal P. Pavan, dont on sait le rôle déterminant dans l'élaboration du Décret *Dignitatis humanae* de Vatican II sur la liberté sociale et civile en matière de religion. L'État "moderne", explique-t-il, est un "État de droit, démocratique, social, laïc et pluraliste" [99]. Il a comme fondement premier la dignité personnelle de tous les êtres humains, dont la prise de conscience s'est développée au cours des siècles. En ce qui concerne, en particulier, les "valeurs" de l'esprit (arts et croyances, conceptions philosophiques, éthiques ou politiques), l'État moderne n'est pas indifférent : mais il ne se reconnaît aucune compétence à porter un jugement sur leur qualité, sur leur efficacité, sur leur mérite (giudizio di merito). Sa tâche fondamentale à cet égard, il l'accomplit en reconnaissant, en respectant et en protégeant chez tous les citoyens leurs droits relatifs à ces valeurs, et en œuvrant efficacement à créer dans la société les conditions permettant à tous les citoyens de trouver en elle les moyens et les stimulants à exercer ces droits et à accomplir leurs devoirs respectifs. Demeure toujours sauf le principe de l'égalité, qui exige des uns et des autres le respect de leurs droits respectifs et des droits des Pouvoirs Publics eux-mêmes. L'État moderne, de plus, donne à ces droits une forme juridique, une Constitution.

Par rapport aux Religions et aux Églises, la non-confessionnalité de l'État implique, globalement : la liberté de conscience, la liberté des cultes, la liberté de manifester son option religieuse, la non-immixtion de l'État dans le domaine propre à telle Religion, à telle Église.

La pratique de cette non-confessionnalité dépend de divers facteurs, et notamment de l'ampleur des activités temporelles exercées par les citoyens. Lorsqu'un État non-confessionnel assure réellement l'exercice des libertés civiles, il favorise un ensemble d'activités privées, régies légitimement par des citoyens. Certaines d'entre elles portent sur un projet dit profane, et elles sont adoptées, promues et subsidiées à ce titre. Mais, de ce fait, lorsqu'un groupe important de citoyens est catholique, anglican, juif, musulman, agnostique, l'État favorise aussi, par simple ricochet, par contrecoup, indépendamment de toute prétention doctrinale et sans privilège, telle Religion, telle Église, telle option philosophique. Lorsqu'une Église chrétienne est *ainsi* favorisée, on n'est pas en présence d'un fait de "chrétienté" : dans d'autres pays, à prédominance musulmane, juive, voire agnostique, un État "moderne" assurerait des prestations similaires, et aux mêmes conditions.

Mais on pressent que, dans l'histoire de toute région, et dans le cadre de la "séparation de l'Église et de l'État", des malentendendus et des erreurs sont à prévoir. En voici un exemple récent, mineur mais significatif. En ouvrant la séance publique de l'Assemblée des évêques de France, le 26 octobre 1988, le cardinal A. Decourtray s'est félicité qu'il existe depuis une quinzaine d'années, entre l'Église catholique et l'État, "une volonté mutuelle de collaboration à la promotion de certaines valeurs humaines reconnues de part et d'autre comme nécessaires à une vie sociale digne de ce nom"; et même "il semble aujourd'hui possible de libérer la 'laïcité' de l'idéologie séculariste, du soupçon anticlérical ou clérical, et des carcans hexagonaux qui l'enserrent encore" (DC 1988,1124). Mais la "promotion de certaines valeurs" en régime de "séparation de l'Église et de l'État" est une entreprise délicate. Sous le titre *L'ordre clérical* ("Le Monde", 14 déc. 1988, p. 2), G. Perrault et J. Kirsher, à la suite d'événements récents (le film de M. Scorsese, la pilule RU 486, les moyens d'empêcher la propagation du SIDA), écrivent : "L'Église de France vient de démontrer qu'elle n'a en rien renoncé à régenter les consciences, les esprits, les mœurs. Lorsque la loi républicaine, qui garantit la liberté religieuse, s'oppose à ses dogmes, elle n'hésite pas à déchaîner contre elle l'intimidation et la menace ...". Et certaines négociations envisagées représenteraient "la remise en cause de la laïcité de l'école publique, donc de sa neutralité". "Laïcité", "neutralité", "compétence propre de l'État" : il serait bon, avant toute discussion, de s'entendre sur ces thèmes.

Il serait bon aussi d'étudier ce qu'implique, à ce propos, la déclaration du Pape Jean-Paul II, dans son discours au Parlement européen à Strasbourg, le 11 octobre 1988 : "... lorsque règne la liberté civile et que se trouve pleinement garantie la liberté religieuse, la foi ne peut que gagner en vigueur en relevant le défi que lui adresse l'incroyance, et l'athéisme ne peut que mesurer ses limites devant le défi que lui adresse la foi" . Puis, le Pape rejetait l'intégralisme religieux comme "incompatible avec le génie propre de l'Europe tel que l'a façonné le message chrétien". "Notre histoire européenne montre abondamment combien souvent la frontière entre 'ce qui est à César' et 'ce qui est à Dieu' a été franchie dans les deux sens. La chrétienté latine médiévale — pour ne mentionner qu'elle —, qui pourtant a théoriquement élaboré, en reprenant la grande tradition d'Aristote, la conception naturelle de l'État, n'a pas toujours échappé à la tentation intégraliste d'exclure de la communauté temporelle ceux qui ne professaient pas la vraie foi. L'intégralisme religieux, sans distinction entre la sphère de la foi et celle de la vie civile, aujourd'hui encore pratiqué sous d'autres cieux, paraît incompatible avec le génie propre de l'Europe tel que l'a façonné le message chrétien" (DC 1988,1045).

C'est à la lumière de cette mise au point récente et capitale que l'on interprétera les appels répétés des documents analysés ci-dessus en faveur d'une identité européenne conçue comme "en harmonie avec les principes chrétiens".

En cette année 1989, le thème de la "laïcité ouverte" est analysé et promu en de nombreux colloques ou échanges [100]. La liberté de "conscience" et de "culte" est relativement aisée à déterminer, en principe. La liberté de "dire", de "proposer", de "répandre", voire de "défendre" une certaine conception de la vie et du monde se révèle toujours complexe. C'est qu'en effet les verbes "dire", "proposer", "répandre" ou "défendre" peuvent être entendus et vécus dans la logique d'une extrême humanité et dans celle d'une proclamation intégriste. De plus, même là où l'on reconnaît la compétence limitée de l'État "moderne" en matière de jugement doctrinal, la religion ou l'idéologie dominantes sont toujours, de fait et comme par ricochet, avantagées dans leurs initiatives temporelles. Et enfin, en ce qui concerne les chrétiens en particulier, la révélation leur annonce, jusqu'à la fin des temps, une opposition individuelle et collective à l'instauration du règne du Seigneur ici-bas. Mais comment se présente une "défense" qui soit d'esprit "évangélique" ?

Entre-temps, le «voile» islamique a suscité en France de vives réactions qui ont eu pour effet de révéler la polysémie exubérante et sournoise du terme "laïcité". Tous, nous sommes dès lors appelés à en préciser les évidentes ambiguïtés, à en analyser les tenants et les aboutissants; puis à proposer une "laïcité ouverte", à en définir de manière formelle le contenu théorique et pratique, pour être à même de l'offrir au monde d'aujourd'hui, comme un fruit de la modernité occidentale parvenu à un progrès de maturité.

NOTES

1   Bref aperçu d'ensemble par J. WEYDERT, *l'Église et l'Europe*, dans *Études*, juillet 1982, 82-102.

2   Ainsi, par exemple, le n° 3-4 de 1989 propose les données fondamentales d'une réflexion sur l'Église en Europe de l'Est, les droits humains comme ferment d'unité pour l'Europe, la Charte sociale, l'Acte unique de Bâle, la mission des chrétiens dans l'unification de l'Europe.

3   SCHWARZ, *Katholische Kirche und europäische Einigung nach 1945*, dans A. LANGNER, *Katholizismus, nationaler Gedanke und Europa seit 1800*, Paderborn, Schöningh, 1985, 155-178; *Europa cristiana. Progetto*, éd. Lucciano VACCARO, Brescia, Morcelliana, 1979, 200p. (textes sur ce thème); *Il futuro dell'Europa*, rapports du Convegno sul Magistero Pontificio, Milan, 12 nov. 1983.

4   Dans *Le Saint-Siège dans les relations internationales*, dir. J.-B. d'ONORIO, Paris, Cerf-Cujas, 1989, 469 p. ; article : 137-161.

5   Mario SPEZZIBOTTIANI, *Il magistero europeistico dei papi da Pio XII a Giovanni Paolo II*, dans *La Scuola Cattolica* 113, 1985, 143-170.

6   Walter LEIFER, *Der Vatikan und die Europafrage*, dans *Stimmen der Zeit*, 157, 1955-56, 346-361. Voir aussi A. VERLEYE, *Pie XII et l'intégration de l'Europe*, Bruxelles, A. Goemaere, 1953; W. SCHLICK, *Pie XII et la construction de l'Europe*, Strasbourg, 1971.

7   G. BARBERINI, *L'unità dell'Europa nel magistero di Papa Wojtyla*, dans *Aggiornamenti sociali* 34, 1983, 665-678 (avec abondante bibliographie). Du même auteur : *La Politica europea di Giovanni Paolo II*, dans *IDOC Internaz.* XII, gennaio 1982, 25-39; *La politica europea di Giovanni Paolo II*, dans *Il pluralismo religioso in Europa fra cultura e sistemi politici* (Publ. dell'Università di Perugia), Rimini, Ed. Maggioli, 1983, 63 ss.

8   O. PASQUATO, *Chiese Europee tra origini e futuro. Progresso nella continuità nel pensiero di Giovanni Paolo II*, dans *Salesianum* 44, 1982, 103-128. Aussi E.W. BöCKENFöRDE, *Das neue politische Engagement der Kirche. Zur "politischen Theologie" Johannes Pauls II*, dans *Stimmen der Zeit* 198, 1980, 219-234 (fondement christologique, ministère prophétique); O. von NELL-BREUNING, *Politische Theologie Papst Johannes Pauls II*, dans *Stimmen der Zeit* 198, 1980, 675-686 (le christocentrisme comme "letzte und tiefste Begründung" et comme "die klarste und sicherste Normierung", p. 684);

9   Jean et Blandine CHELINI, *L'Église de Jean-Paul II face à l'Europe*, Paris, Nouvelle Cité, 1989, 210 p.

10 Texte français original pour chacune de ces trois conférences.

11 Texte italien des discours : *La Santa Sede e l'Europa*, conférence à Milan, 20 janvier 1972, dans *La Civiltà Cattolica*, 19 février 1972, 367-381; *La Santa Sede e i problemi dell'Europa contemporanea*, conférence à Linz, le 18 novembre 1977, dans *L'Osservatore Romano*, 17 février 1978.

12 Courte description récente : Marie-Jo HAZARD, dans *L'actualité religieuse dans le monde*, 15 octobre 1989, 24-30.

13 En voici quelques exemples. *La vocation de l'Europe*. Déclaration des évêques de Belgique, dans la *Docum. cathol.*, 1976, 1070-1074, avec un commentaire officiel *Construire l'Europe*, Bruxelles, Éd. Licap, 41 p.; Vescovi Lombardi, *L'unificazione europea segno dei tempi per i cristiani* (message de mars 1979), dans *RDM* 70, 1979, 405-406; Mgr Al. SUSTAR, *Was haben die Bischöfe mit Europa zu tun ?*, dans *Herder-*

Korrespondenz 27, 1973, 616-621; L'église catholique à l'heure européenne, dans Documents de l'épiscopat (France), février 1984; *L'Église italienne et l'unité européenne*, par le Conseil permanent de l'épiscopat italien (16 mars 1989), dans *L'Osservatore Romano* 22 mars 1989 et *Docum. cathol.*, 1989, 503-506; *Déclaration des évêques d'Europe sur la responsabilité des chrétiens vis-à-vis de l'Europe d'aujourd'hui et de demain*, Subiaco 28.9.1980 : *Docum. cathol.*, 1980, 949-952. On peut ajouter le Rassemblement oecuménique européen de Bâle (15-21 mai 1989) : *Paix et Justice*, avec dossier dans *Docum. cathol.*, 1989, 733-759 (en particulier : V. *Vers l'Europe de demain*, 749-753).

[14] Quelques développements dans G. THILS, *La sainteté "dans et par" le siècle*, dans *Les laïcs et l'enjeu des temps "post-modernes"*, Louvain-la-Neuve, Fac. de Théologie, 1988, p. 90-117.

[15] Voir l'article *Théologie* dans les divers Dictionnaires; aussi Cl. GEFFRÉ, art. *Théologie*, dans l'*Encyclopaedia Universalis* 15, 1973, 1087-1091.

[16] Voir G. THILS, *L'objet matériel secondaire de la théologie*, dans *Ephem. Theol. Lovanienses* 29, 1953, 398-418.

[17] Quelques références : *Bilan de la théologie du XXe siècle*, dir. R. VANDER GUCHT et H. VORGRIMLER, 2 vol., Casterman, 1970, 600 p. et 985 p.; H. ZAHRNT, *Aux prises avec Dieu. La théologie protestante au XXe siècle*, Paris, Cerf, 1969, 497 p. (les courants, les personnes); R. AUBERT, *La théologie catholique au milieu du XXe siècle*, Casterman, 1954, 103 p.; *Théologie d'aujourd'hui et de demain*, ouvrage collectif, Paris, Cerf, 1967, 219 p.; B.-D. DUPUY, art. *Herméneutique*, dans l'*Encyclopaedia Universalis*, t. 8, 365-367 (bibliographie).

[18] Voici quelques signes de cet intérêt. L. HAMAIN, *Morale chrétienne et réalités terrestres. Une réponse de Saint Thomas : la "béatitude imparfaite"*, dans *Rech. Théol. Anc. et Médiévale* 35, 1968, 134-176, 260-290; G. THILS, *Théologie des réalités terrestres 1. Préludes*, Desclée De Brouwer, 1946, 198 p.; C.V. TRUHLAR, *Labor christianus. Initiatio in theologiam spiritualem systematicam de Labore*, Rome, Herder, 1961, 175 p. (vaste bibliographie); *Le loisir et les loisirs. Choix de textes des papes et des évêques*, Éd. A. de LAURENS, Paris, Ed. Fleurus, 1963, 346 p.

[19] Les réflexions sur ces thèmes abondent. Ainsi, J. GIRARDI-J.F. SIX, *L'athéisme dans la vie et la culture contemporaine*, Desclée, 1968, 488 p.; É. POULAT, *Liberté, laïcité. La guerre des deux France et le principe de la modernité*, Paris, Cerf-Cujas, 1987, 439 p.; P. VALADIER, *L'Église en procès. Catholicisme et société moderne*, Paris, Calmann-Lévy, 1987, 241 p.; Pierre GISEL, *Vérité et histoire. La théologie dans la modernité*, Paris, Beauchesne, 1977, 675 p.; J. BAUDRILLARD, art. *Modernité*, dans l'*Encyclopaedia Universalis*, t. 11, 139-141.

[20] Quelques titres, parmi cent. A. BIROU, *Combat politique et foi en Jésus-Christ*, Paris, Éd. Ouvrières, 1973, 192 p.; A. DUMAS, *Théologies politiques et vie de l'Église*, Lyon, Chalet, 1977, 204 p.; C. BOFF, *Teologia y pratica. Teologia do politico e suas mediaçoes*, Petropolis, Vozes, 1978, 407 p.; S. WIEDENHOFER, *Teologia politica in Germania (1965-1975)*, dans *Stud. Patav.*, 22, 1975, 563-591; H. de LAVALETTE, *Ambiguïtés de la théologie politique*, dans *Recherches Sc. Relig.*, 59, 1971, 542-562; *La pratique de la théologie politique* (éd. M. XHAUFFLAIRE), Casterman, 1974, 325 p.; É. POULAT, *l'Église romaine, le savoir et la politique. Une philosophie à la mesure d'une politique*, dans *Arch. Sc. Soc. et Relig.*, 19,

1974, 5-21; J. RATZINGER, *Theologie und Kirchenpolitik*, dans *Intern. Kathol. Zeit. Communio* 5, 1980, 425-434 (la distinction Église-État et le fondement de l'idée occidentale de liberté)

21 De Jürgen MOLTMANN : *Théologie de l'espérance*, Paris, Cerf, 1970, 420 p. (eschatologie et histoire); *L'espérance en action. Traduction historique et politique de l'Évangile*, Paris, Seuil, 1973, 190 p (quelques applications); en collaboration : *Théologie de l'espérance. II. Débats*, Paris, Cerf, 1973, 329 p.; *L'Église dans la force de l'Esprit*, Paris, Cerf, 1980, 469 p. (un chapitre sur l'espérance en relation avec les religions, les processus vitaux du monde, l'histoire, p. 200-259).
De Jean-Baptiste METZ : *Pour une théologie du monde*, Paris, Cerf, 1971, 182 p.; *La foi dans l'histoire et dans la société*, Paris, Cerf, 1979, 269 p.

22 Deux ouvrages : Gustavo GUTIÉRREZ, *Théologie de la libération*, Bruxelles, Ed. Lumen Vitae, 1974, 343 p., et *Discussion sur la "théologie de la révolution"*, ouvrage collectif, Paris, Cerf, 1972, 205 p.

23 La condition de la *societas christiana médiévale*, constatait Jean-Paul II, "offrit à l'Église bien des avantages, ... Mais, à long terme, cette expérience a eu aussi des conséquences visibles de mondanisation, spécialement au Xe siècle" (Homélie, à Salerne, le 26 mai 1985, dans *Docum. cathol.*, 1985, 852). Voir Y. CONGAR, *Titres et honneurs dans l'Église. Brève étude historique*, dans *Pour une Église servante et pauvre*, Paris, Cerf, 1963, p. 97-127 (bibliographie, p. 124-127); P. EYT, *Vers une Église démocratique ?*, dans *Nouv. Rev. Théol.*, 91, 1969, 597-613; J. RATZINGER-H. MAIER, *Démocratisation dans l'Église ?*, Paris, Apostolat des Éditions, 1971, 94 p., traduction de *Demokratie in der Kirche*, Limburg, Ed. Lahn.

24 Quelques signes en ce sens : C. DUQUOC-J. GUICHARD, *Politique et vocabulaire liturgique*, Paris, Cerf, 1975, 155 p.; E. GERMAIN, *Langages de la foi à travers l'histoire*, Paris, Mame, 1972, 250 p. (dans l'enseignement catéchétique); A. DURAND, *Implications politiques de la question de Dieu*, dans *Concilium*, n° 76 (1972), 67-74; P. EYT, *L'élément "politique" dans les structures ecclésiales*, dans *Nouv. Rev. Théol.*, 92, 1970, 3-25.

25 Dans *Herder-Korrespondenz*, août 1984, 365.

26 Voir, par exemple, la première *Instruction sur certains aspects de la "théologie de la libération"*, VI à IX, dans *Docum. cathol.*, 1984, 893-898.

27 Dans le quotidien *La Libre Belgique*, 22 juillet 1980.

28 Sur cette concordance-correspondance chez les théologiens des diverses Églises chrétiennes : G. THILS, *Droits de l'homme et perspectives chrétiennes*, Louvain-la-Neuve, Faculté de théologie, 1981, 29-45.

29 En arrière-plan de cette perspective "spiritualiste" planétaire, on pourrait rappeler l'"eschatologie réalisée" des exégètes, et notamment de C.H. Dodd, pour qui les efflorescences "spirituelles" en ce monde ne sont pas seulement des signes, voire des préludes du Royaume, mais le Royaume même de Dieu "in so far as history can contain it". L'on est ainsi passé d'une "eschatologie du futur" à un "mysticisme du Christ". On trouvera un résumé de cette position dans Eug. E. WOLFZORN, *Realized Eschatology. An Exposition of Charles H. Dodd's Thesis*, dans *Ephem. Theol. Lovan.*, 38, 1962, 44-70.

30 G. MARTELET, *L'Église et le temporel. Vers une nouvelle conception*, dans *Vatican II. L'Église de Vatican II*, t. 2 (Unam Sanctam, 51b), Paris, Cerf, 1966, 517-539.

31   Quelques compléments à ce sujet dans G. THILS, *Présence et salut de Dieu chez les "non-chrétiens"*, Louvain-la-Neuve, Faculté de théologie, 1987, 112-113.

32   Pour ce qui suit, voir *Le Monde*, 25 octobre 1988, p. 2-3. Pour une appréciation des changements actuels : Léo TINDEMANS, *L'Europe de l'Est vue de Bruxelles*, Bruxelles, R. Malherbe éd., 1989, 140 p.

33   Voir *Le Monde*, 5 janvier 1989, p. 2.

34   Dans *Vita e pensiero*, n° 4-5-6, juillet-décembre 1978, 160-168. Aussi : J. de GRAAF, *Der Europäer und die zwei Europas*, dans *Zeits. für Evangel. Ethik* 27, 1983, 8-20 (séquelles de la deuxième guerre mondiale); Jeno SZUCS, *Les trois Europes*, Paris, Harmattan, 1985, 128 p.

35   Sur l'Europe (histoire, structures, Occident, Est), divers articles dans *Encyclopaedia Universalis*, t. 6, 754-813; D. de ROUGEMONT, *Vingt-huit siècles d'Europe, d'Hésiode à nos jours*, Paris, Payot, 1961; *Histoire générale de l'Europe* (dir. G. LIVET et R. MOUNIER), t. I. *L'Europe des origines* (Ve siècle avant Jésus-Christ) *au début du XIVe siècle*; t. II. *L'Europe du début du XIVe à la fin du XVIIIe siècle*; t. III. *L'Europe de 1789 à nos jours*, Paris, P.U.F., 1980; J.-P. MILLOTTE - A. THÉVENIN, *Histoire de l'Europe. Les racines des Européens des origines aux Celtes*, Éd. Horvath, 1988, 518 p.; *La conversione al Cristianesimo nell'Europa dell'Alto Medievo*, ouvrage collectif, Spoleto, Centro Italiano di Studi sull'Alto Medievo, 1967, 862 p. (les mondes germanique, celtique, slave et les survivances du paganisme); O. CAPITANI, *Gregorio VII e l'unità Europea*, dans *Aevum* 60, 1986, 183-192 (situation au XIe siècle et portée du vocabulaire utilisé à l'époque); R. MANDROU, *Histoire de la pensée européenne. 3. Des humanistes aux hommes de science (XVIe-XVIIe s.)*, Paris, Seuil, 1973, 256 p. (imprimerie, les Églises, luttes politiques, raidissements et libertins, esprit "scientifique"); N. HAMPSON, *Histoire de la pensée européenne. 4. Le siècle des Lumières*, Paris, Seuil, 1972, 256 p. (de 1715 à 1789; idées, climat, société, bibliographie).

36   Jean-Paul II, *Lettre encyclique Slavorum Apostoli*, 2 juin 1985 (DC 1985, 725).

37   Paris, Gallimard, 1987, 222 p.

38   Dans une Conférence donnée au Collège Saint-Michel, à Bruxelles.

39   M.P. FOGARTY, *Contrasting Values in Western Europa*, Houndmills, Macmillan, 1986, 274 p. (Unity, diversity, change); F.J. von RINTELEN, *Values in European Thought*, Pampelune, Université de Navarre, 1972, 565 p. (réévaluation permanente sans repères; rééd. du texte allemand, 1932, 304 p.); J. STOETZEL, *Les valeurs du temps présent : une enquête européenne*, Paris, P.U.F., 1983, 309 p. (la morale, la politique, la religion, la famille, le travail); J. KERKHOFS, *Les jeunes et les valeurs en Europe occidentale*, dans *Dossiers de Pro Mundi vita* (Leuven, Abdijdreef 7A), 1984, 28 p.; G. DEFOIS, *L'Europe et ses valeurs : une question pour l'Église*, Paris, Centurion, 1983, 80 p. (valeurs religieuses, interprétation, responsabilité pastorale).

40   Voir : R. COSTE, *L'Église et les chrétiens dans la société pluraliste*, dans *Nouv. Rev. Théol.*, 98, 1976, 386-415; G. THILS, *Théologie et monde pluraliste*, dans *Rev. Théol. Louvain*, 13,1982, 338-344 (données doctrinales, conséquences pastorales : parvenir à "intégrer" annonce, coopération, défense et anticipation); P. ARRUPE, *Pluralismo delle culture e cristianesimo*, dans *Sapienza* 20, 1967, 7-16; J. JOBLIN, *Essere*

Chiesa nella società pluralistica, dans *La Civ. Catt.*, 1979, III, 345-357 (droits de l'homme, nouvel ordre économique international); *Le pluralisme*. Symposium interdisciplinaire (éd. I. BEAUBIEN), Montréal, Fides, 1974, 433 p.

[41] B. RIGAUX, *op. cit.*, Gembloux, Duculot, 1932, 425 p.

[42] Voir Jean-Paul II, *Les racines chrétiennes des nations européennes. Discours aux membres du Colloque international tenu à Rome, 3-7 novembre 1981*, (DC 1981, 1054-1056). Les Actes de ce Colloque : *De communibus radicibus christianis Nationum Europearum*, Roma, Ed. Vaticana, 2 vol., 1981. Ajouter l'intervention de Mgr J. Mellor sur *L'Europe décloisonnée : un projet moral*, (DC 1988, 672-676) : "un héritage dans lequel se mélangent - parfois dans un désordre bien curieux - la philosophie grecque, la culture judéo-chrétienne,... le colonialisme, l'État moderne avec la division des pouvoirs et les droits de l'homme,... l'esprit scientifique,... de nouveaux langages" (p. 673).

[43] Rome, Istituto polacco di cultura cristiana, 1987, 212 p.

[44] J. RATZINGER, *L'Europe : un héritage qui engage la responsabilité des chrétiens*, dans *Revue Sc. Relig.*, 54, 1980, 41-54, traduction de *Europa : verpflichtendes Erbe für die Christen*, dans *Europa : Horizonte der Hoffnung*, éd. F. KOENIG - K. RAHNER, Wien, Styria, 1983, 61-74.

[45] Dans *L'Osservatore Romano*, éd. hebd. franç., 11 juillet 1989. Voir *La foi et l'inculturation*, Document de la Commission théologique internationale, octobre 1988 (DC 1989, 281-289) sur l'évangélisation et la modernité : 1) accueil et discernement critique; 2) perception des nouvelles attentes spirituelles et culturelles; 3) "aptitude à l'analyse culturelle en vue d'une rencontre effective avec le monde moderne", p. 288. Également : E. COVI, *Coscienza civile ed esperienza religiosa nell'Europa*, dans *Laurentianum* 24, 1983, 431-447, qui résume l'ouvrage collectif publié sous ce même titre par R. CRIPPA, Brescia, Morcelliana, 1983, 398 p. (les idées modernes de tolérance, liberté religieuse, liberté civile, etc. accueillies progressivement).

[46] Deux illustrations occasionnelles de la pluralité de composantes par Jean-Paul II : "l'héritage de la cité *et* l'héritage de l'Évangile" (à Ravenne, le 11 mai 1986 : DC 1986, 636-637); "le patrimoine commun de valeurs dont vit chacune des cultures nationales" *et* "le noyau essentiel de ce patrimoine... la foi chrétienne" (Au Mont Chétif, 7 sept. 1986 : DC 1986, 890).

[47] J. RATZINGER, *L'unité de la foi et le pluralisme théologique*, Ed. C.L.D., 1978, 17.

[48] Pour ce qui suit : B. PLONGERON, *Échec à la sécularisation des Lumières ? La religion comme lien social*, dans *Sécularisation*, Éd. M.MAT, Éd. U.L.B., 1984, 91-125.

[49] Voir F.-A ISAMBERT, dans l'*Encyclopaedia Universalis*, art. *Religion. 5. La sécularisation*, t. 14, 36-38; *Herméneutique de la sécularisation. Colloque à Rome 3-8 janvier 1976*, (éd. E. Castelli), Paris, Aubier, 1986, 503 p.; C. DUQUOC, *Ambiguïté des théologies de la sécularisation*, Gembloux, Duculot, 1972, 152 p.; *Les deux visages de la théologie de la sécularisation*, ouvrage collectif, Casterman, 1970, 260 p.; A. GESCHÉ, *Essai d'interprétation dialectique du phénomène de la sécularisation*, dans *Rev. Théol. Louvain* 1, 1970, 268-288; H. LüBBE, *La secolarizzazione*, Bologna, Il Mulino, 1980 (l'évolution du terme du XVIe au XXe siècle), d'après H. LüBBE, *Säkularisierung : Geschichte eines ideenpolitischen Begriffs*, Freiburg, Alber, 1965, 136 p.

50 Voir H. DESROCHE, art. *Déchristianisation*, dans l'*Encyclopaedia Universalis*, t. 5, 358-361; B. PLONGERON, "La déchristianisation a-t-elle une histoire ? Notes pour une réflexion méthodologique", dans *Christianisation et déchristianisation*, Angers, Presses de l'Université, p. 91-105; G. MOREL, "Déchristianisation ?", dans son étude *Problèmes actuels de religion*, Paris, Aubier, 1968, 9-32. Sur le critère à mettre en œuvre : G. THILS, *Chrétien "au sens propre du terme", "spécifiqument" chrétien. Questions sur la portée de ces formules*, dans *Rev. Théol. Louvain* 20, 1989, 467-473.

51 J. MARITAIN, *Humanisme intégral*, Paris, Aubier, 1936, 104.

52 J. RATZINGER, *Foi chrétienne hier et aujourd'hui*, Mame, 1969, 14-15.

53 Au t. 5, 358-361.

54 G. MARTELET, *L'Église et le temporel. Vers une nouvelle conception*, dans *Vatican II. L'Église de Vatican II*, t. 2 (*Unam Sanctam*, 51b), Paris, Cerf, 1966, 517-539.

55 "Retrouver son âme - les valeurs spirituelles qui l'ont fait grande - l'aideront à trouver son unité", disait Mgr Justo Mellor à Lisbonne (DC 1988, 676). De son côté, le cardinal J. Tomko, après s'être demandé : "Où va l'Europe, où va le Benelux ?", répondait : "L'Esprit Saint est présent et il opère encore dans cette vieille Europe ! Et quand bien même il s'agirait des "ossements desséchés" dont parle le prophète Ezéchiel, la force dynamique de l'Esprit peut et désire les faire revivre" (*Homélie* prononcée le 14 mai 1989 à la Messe de la Pentecôte célébrée en la Basilique d'Echternach-Luxembourg, Paris, Éd. *Jour du Seigneur*, n° 39, mai 1989).

56 Quelques indications : J.-M. MAYEUR, *Des partis catholiques à la Démocratie chrétienne. XIXe-XXe siècles*, Paris, A. Colin, 1980, 247 p. (les variations dans l'organisation politique des catholiques); M.P. FOGARTY, *Christian Democracy in Western Europa 1820-1953*, London, Routledge - Kegan Paul, 1966, 461 p.; É. POULAT, *Pour une nouvelle compréhension de la démocratie chrétienne*, dans *Rev. Hist. Ecclésiastique* 70, 1975, 5-38 (des "définitions affrontées et successives").

57 A. PAPISCA, *Democrazia internazionale, via di pace. Per uno nuovo ordine internazionale democratico*, Milan, F. Angeli, 1987.

58 Dans J. et B. CHELINI, *L'Église de Jean-Paul II et l'Europe*, Paris, Nouvelle Cité, 1989, 69-95. Sur l'activité des papes précédents, voir *L'Europe unie dans l'enseignement des Papes*, Solesmes, 1981, chap. 6. *L'Europe et le monde*, 195-210.

59 G. JARLOT, *Doctrine pontificale et histoire*, t. I. *Léon XIII, Pie X et Benoît XV*, t. II. *Pie XI (1921-1939)*, Rome, Univers. Grégor., 1964, 476 p. et 1973, 468 p. La Collection *Les enseignements pontificaux*, de Desclée et Cie, ont présenté des textes et des Tables sur différents thèmes : la Paix des Nations, la Paix internationale (de Léon XIII à Pie XII).

60 Dans *Arch. Sc. Sociales des Religions* 1981, t. 52/1 (juillet-septembre), 134. Voir, par exemple, Samir AMIN, *L'eurocentrisme. Critique d'une idéologie*, Paris, Anthropos-Economica, 1988, 157 p.

61 H. DUMÉRY & A.-M. HENRY, art. *Missions*, dans *Encyclopaedia Universalis*, t. 11, 1971, p. 93-99 (bibliogr.). Aussi : R. AGENEAU et D. PRYEN, *Chemins de la mission aujourd'hui*, Paris, Revue Spiritus, 1972, 265 p. et *Un nouvel âge de la mission*, Paris, Revue Spiritus, 1973, 320 p.

Depuis, voir les bibliographies des revues consacrées à la "mission" dans l'Église.

[62] Sous le titre *Les appels au dialogue avec les non-chrétiens* (DC 1985, 59-75). Texte anglais original dans les *Documents* de la Fédération des Conférences épiscopales d'Asie, les *FABC Papers*, n° 34.

[63] Dans le journal *La Libre Belgique*, 15 juillet 1988.

[64] Dans les *Tables générales*, c. 604.

[65] Traduction française reprise de M. LEFEBVRE, *Ils l'ont découronné*, éd. "Fideliter", 1987, 253-261.

[66] Voir la Constitution *Gaudium et spes*, 26.

[67] N.A. NISSIOTIS, *Chrétienté : fin/ou permanence ?*, dans *La chrétienté en débat*, éd. G. ALBERIGO, Paris, Cerf, 1984, 11-25; cit. 24-25.

[68] Dans *Patrologie et histoire de la théologie*, Desclée et Cie, t.3, 1943, 150.

[69] Voir A. MANARANCHE, *Y a-t-il une éthique sociale chrétienne ?*, Paris, Seuil, 1969, 149.

[70] Voir l'article de B. PLONGERON à la note 48.

[71] G. PHILIPS, *L'Église et son mystère au IIe Concile du Vatican*, t.I, 74.

[72] Voir H. DESROCHE, art. *Utopie* dans *Encyclopaedia Universalis*, t. 16, 557-559 (bibliographie); au Moyen âge chrétien : N. COHN, *Les fanatiques de l'Apocalypse*, Paris, 341 p.; H. DESROCHE, *Les dieux rêvés. Théisme et Athéisme en utopie*, Paris, 1972.

[73] Dans l'ouvrage collectif *L'avenir*, Paris, Fayard, 1964, p. 228.

[74] Cité du Vatican, 1975, 74 p.

[75] J. LADRIERE, *Les enjeux de la rationalité*. Paris, Aubier-Unesco, 1977,77. Aussi : *Appel aux hommes et aux femmes d'espérance*. Une étude œcuménique du Centre de Villemétrie (les "structures lourdes" et "l'inertie des institutions"), dans *Docum. cathol.*, 1983, 531-537.

[76] Paris, Cerf, 1980, p. 217-218.

[77] *Spiritualità cristiana nell'esercizio delle professioni*, Milano, Vita e pensiero, 1951; J. ALFARO, *Les espoirs intramondains et l'espérance chrétienne*, dans *Concilium* n° 59 (1970), 53-62; *L'expérience de Dieu et le Saint-Esprit. Immédiateté et médiations*, Paris, Beauchesne, 1985, 217 p. (excellent état de la question par H. Mühlen, p. 47-79); Cardinal L.-J. SUENENS-D. HELDER CAMARA, *Renouveau dans l'Esprit et service de l'homme*, Bruxelles, Lumen Vitae, 1979, 143 p. : chap. IV, 1. Foi et structures globales, p. 121-130; A. RIZZI, *Dieu cherche l'homme. Refondre la spiritualité*, Paris, Centurion, 1989, 150 p.

[78] Dans la *Summa Theologica* Ia, qu.22, art.2, ad 4m.

[79] Voir DENZ.-SCHöNM., *Enchiridion ...*, n. 3870.

[80] Card.L.SUENENS, *Une nouvelle Pentecôte ?*, Desclée De Brouwer, 1974, 271 p.

[81] P. RICŒUR, *Le* Socius *et le Prochain*, dans *Histoire et vérité*, 2e éd., Paris, Seuil, 1955, 99-111.

[82] J. MOLTMANN, *Théologie de l'espérance*, Paris, Cerf, 1970, 420 p.; aussi C. GEFFRÉ, *Dimension politique de l'espérance*, dans *Inform. Cathol. Intern.*, 15 février 1972, 14-21.

[83] J. MOLTMANN, *L'Église dans la force de l'Esprit*, Paris, Cerf, 1980, 469 p. (sur les "processus", voir p. 217-259; sur le sens qu'il attribue au terme "chrétienté", voir p. 217).

[84] S. THOMAS D'AQUIN, *In II Sent.*, dist. 38, qu. 1, art. 2.

[85] G. PHILIPS, *L'Église et son mystère au IIe Concile du Vatican*, t.2, 32.

86 P. RICŒUR, *L'image de Dieu et l'épopée humaine*, dans *Histoire et vérité*, 2e éd., Paris, Seuil, 1955, 112-131; cit. p. 126.

87 Desclée De Brouwer, 1974, 271 p.

88 Dans *Principes d'une politique humaniste*, Paris, Hartmann, 1945, 139-150.

89 Voir l'ouvrage collectif *Persona e personalismo*, éd. A. PAVAN et A. MILANO, Naples, Ed. Dehoniane, 1987, 466 p. (notamment pour le XXe siècle).

90 Dans *L'Osservatore Romano*, éd. hebd. franç., 8 novembre 1988, 9.

91 Voir la traduction donnée par *L'Osservatore Romano*, éd. hebd. franç., 28 octobre 1986, 10.

92 Sur la théologie des droits humains : P. DAUBERCIES- Ch. LEFEVRE, *Le respect et la liberté. Droits de l'homme, Raison et foi*, Paris, Téqui, 1985, 294 p.; *Droits de l'homme, défi pour la charité*, Paris, Éd. S.O.S., 1983, 285 p.; G. THILS, *Droits de l'homme et perspectives chrétiennes*, Louvain-la-Neuve, Faculté de théologie, 1981, 116 p.; *Droits de l'homme, approche chrétienne*, Rome, Herder, 1984, 251 p.; H. WATTIAUX, *Statut des interventions du Magistère relatives aux droits de l'homme*, dans *Nouv. Rev. Théol.*, 1976, 799-816. Une note commentant ces diverses études : G. THILS, *La "Déclaration universelle des Droits de l'Homme" a quarante ans*, dans *Rev.Théol.Louvain* 19, 1988, 406-407; E. KUNHARDT - A. RAUCH, *Universelle Menschenrechtsidee und Europarlementarische Menschenrechtspolitik*, Bruxelles, OCIPE, 1989, 112 p.; P. LEUPRECHT, *Les droits de l'homme : ferment d'unité pour la grande Europe*, dans *Objectif Europe*, n°3-4, juillet-septembre 1989, 19-24. L'attitude adoptée par les autorités ecclésiastiques catholiques au cours de l'histoire est exposée dans une étude de la Commission "Justitia et Pax", *L'Église et les droits de l'homme*, Cité du Vatican, 1975, 74 p.. Il y est notamment question des changements survenus au XIXe et au XXe siècles (p. 12-21), lorsque "stimulée par la maturation de la culture civile moderne, l'Église a enrichi sa propre conception intégrale des droits de la personne humaine — constamment et pleinement humaine et ouverte à sa vocation éternelle — et c'est ainsi que, tout en condamnant les faux-droits, elle est passée d'un comportement de condamnation à un comportement positif et encourageant que le processus historique en cours soutient et rend encore plus valable" (p. 21).

93 Un vœu en ce sens dans la prière qui clôture l'encyclique *Slavorum Apostoli*, n.30 : "... accorde aussi à toute l'Europe ... qu'elle perçoive toujours mieux l'exigence de l'unité religieuse chrétienne ... afin que ... dans une conscience commune de la vérité, elle puisse être pour le monde ..." (DC 1985,727).

94 A. VERDOODT, *Naissance et signification de la Déclaration universelle des droits de l'homme*, Louvain, 1964, 356 p.

95 Sur ce thème : Jean-Paul II, *Lettre* au Cardinal A. Casaroli sur la Fondation d'un Conseil Pontifical pour la culture (DC 1982,604-606) : "entre personnes en recherche d'un nouvel humanisme pour notre temps" (p. 605). Sur le Pape Paul VI : l'ouvrage collectif *Paolo VI e la cultura*, éd. A. CAPRIOLI et L. VACCARO, Brescia, Morcelliana, 1983.

96 Sur cet aspect, voir P. MICHEL, *La société retrouvée. Politique et religion dans l'Europe soviétisée*, Paris, Fayard, 1985, 346 p. Sur l'idée de

"nation", lire l'art. *Nation* dans *L'Encyclopaedia Universalis*, t. 11, 1971, 565-577.

[97] Voir J. LADRIÈRE, *La science, le monde et la foi*, Casterman, 1972, 211-212.

[98] É. POULAT, *Liberté, Laïcité*, Paris, Cerf-Cujas, 1987, 202.

[99] P. PAVAN, *Dignitatis humanae. Dichiarazione sulla libertà religiosa*, Casale-Monferrato, Ed.Piemme, 1986, 63 p.; cit. p.46-47.

[100] Sur la laïcité "ouverte" : A. PAVAN, *Vita politica e laicità dello Stato*, dans *Riv.Teol.Mor.*, 11, 1979, 385-417; P. EYT, *Église et modernité*, dans *Docum.cathol.*, 81, 1984, 321-328; *Les Rendez-vous de la laïcité*, colloque de La Croix-L'Événement n°32284, 30 avril-2 mai 1989 (textes dans la *Docum.cathol.*, 1989, 585-600). Sur la laïcité : L. de NAUROIS, art. *Laïcité*, dans *Encyclopaedia Universalis*, t.9, 743-747 (bibliogr.). Sur le laïcisme : A. ADVERSI, *Il laicismo. Appunti di storia e di bibliografia*, dans *Sapienza*, 20, 1967, 353-405. Pluralisme et laïcité : E. NASARRE, *Pluralisme, laïcité, sécularisation*, dans *Notes et Documents* (Inst.intern.J.Maritain), 17/18, janv.-juin 1987, 65-85.

TABLE DES MATIERES